Work Book of Child-raising Support

子育て支援
ワークブック

古川繁子・田村光子　編著

栗原ひとみ・植草一世・小田玲子　著

学文社

執筆者 （執筆順＊は編者）

＊古川　繁子　前植草学園短期大学福祉学科（序章，第 1-1 章，第 2-5 章，第 3-2(7)章，第 4-1(2)(3)(4)(5)(6)(7)章，終 1・3・4 章）

＊田村　光子　植草学園短期大学こども未来学科（序章，第 1 章，第 2-1，2-2(1)(3)(4)，2-3(1)，2-4 章，第 3-1(2)，3-2(5)章，第 4-1(1)，4-2 章，終 2 章）

**　小田　玲子**　創価大学総合学習支援センター（第 1-2，1-3，1-4 章）

**　植草　一世**　植草学園短期大学こども未来学科（第 2-2(2)，2-3(2)章，第 3-2(6)章）

**　栗原ひとみ**　植草学園大学発達教育学部発達支援教育学科（第 3-1(1)(3)(4)，3-2(1)(2)(3)(4)章）

ワーク執筆者　田村光子・小田玲子・植草一世・古川繁子・栗原ひとみ
事 例 執 筆 者　植草一世・古川繁子・田村光子
エッセイ執筆者　田村光子・山田理恵子・古川繁子・植草一世

（＊は編者，執筆順）

はしがき―「子育て支援」を学ぶみなさんへ

　いまや「子育て支援」という言葉は，保育の勉強をする，しないにかかわらず，本書で初めて耳にするという人のほうが少ないのではないでしょうか。幼い子どもを連れて電車に乗ると，優先席でなくても，若者がさっと立ち上がり，「どうぞお子さん座らせてあげてください」と声をかける姿も目にすることがありました。社会をあげて「子育てを応援しよう」という機運の高まりを感じたひとコマです。しばらく前には「公園デビュー」という言葉など，他の親子との出会いのプレッシャーが話題にもなりましたが，最近では，公園に親子で行っても同じ世代の子育て家庭に出会えない地域も多くあります。ママ友は，ネットやSNSでつながり合うものに変わりつつあるのです。

　この20〜30年かけて，家族や家庭，保育現場や学校・地域社会など，子育てを取り巻く社会状況は大きく変化してきました。いま大学生のみなさんが，生まれ，育ってきた時代，この時代に「子育て支援」という言葉が育ち，社会に根付いてきました。みなさんは，まさにこの大きな変化の渦の中で，「子育て」されてきたのです。さらに，現代の少子化・少子社会の問題は，子育ての孤立が指摘されるだけでなく，児童虐待，子どもの貧困，ヤングケアラー等，さまざまな社会的問題とつながっています。

　本書では，「子育て支援」を取り巻くさまざまな状況の理解や，子育て支援の実際について，子育てをなぜ応援しなくてはならないのかについて考えていきます。こうした学びや演習を通して，みなさんが育ってきた時代を振り返るとともに，保育者としてこれからの子育ての時代を築いていくための視野を広げていただけたらと考えています。

　さらに令和4年6月「子ども基本法」が制定されました。令和5年4月1日から施行されます。社会情勢の変化を踏まえ，すべての子どもが権利を擁護され，将来にわたって幸福な生活を送ることができるように，子どもに関する政策が総合的に推進されるためです。

　これはある意味で，画期的なことです。社会が子育てに全面的に責任を取っていこうとするとき，みなさんが目指す保育士の役割も大きいのです。「子育て支援」を学ぶみなさんに期待してやみません。

2022年7月8日

古川　繁子
田村　光子

目 次

プロローグ

1. 新カリキュラムに「子育て支援」が新設された視点

　保育士養成のカリキュラムは 2003 年に保育士の国家資格化の時点で大きく変わりました。その後，2011 年に改定されて以降，7 年経過したのちに 2018 年にさらなる改定が行われた際に「子育て支援」という科目が新設されました。保育士をめぐる社会状況でもある子育て環境や家庭環境が大きく変わり，保育士が勤務する保育施設へ求められる機能が変化したためです。

(1) 2018 年の改定の方向性

　今回の保育士養成課程の改定に当たって，以下の 6 つの観点から具体的な見直しの方向性を得ています。

（i）乳児保育の充実

（ii）幼児教育を行う施設としての保育の実践

（iii）「養護」の視点を踏まえた実践力の向上

（iv）子どもの育ちや家庭への支援の充実

（v）社会的養護や障害児保育の充実

（vi）保育者としての資質・専門性の向上

　これは「子育て支援」という科目名となった背景でもありますし，保育士養成課程を見直すきっかけとなった社会の変化の影響を受けてと言えます。

(2) カリキュラム改定の社会的背景

　ここで，カリキュラム改定に至った社会状況の変化を 2017 年に発表された保育士養成

検討会のまとめから見てみましょう。

㋐ 2015年4月に「子ども・子育て支援制度」が施行。

㋑ 保育士として活動する者の9割以上が勤務する保育所をはじめとする保育関係施設の利用児童数が1・2歳児を中心に大きく増加している。

㋒ 子育てをめぐる地域や家庭環境状況は変化している。

㋓ 核家族化の進展や地域のつながりの希薄化から，日々の子育てに対する助言，支援や協力を得ることが困難な状況。

㋔ 就労の有無にかかわらず，子育ての負担や孤立感が高まっている。

㋕ 児童虐待の発生も後を絶たない。

　この中で2015年4月に施行された「子ども・子育て支援新制度」とは，「量」と「質」の両面から，子どもの育ちと子育てを社会全体で支えるもので，具体的には「認定こども園」の普及を図り，「地域型保育」を新設します。また，最も身近な市町村が地域の子育

図序−1　保育士養成課程の見直しに伴う「教授内容の再編等（主なもの）」

【現　行】

乳児保育（演習2単位）
・乳児保育の理念と役割　・乳児保育の現状と課題
・乳児保育の基礎における連携
・3歳未満児の発達と保育内容　・乳児保育の実際　等

保育の心理学Ⅰ（講義2単位）
・保育実践に関わる心理学の知識
・心理学の基礎に基づいた子ども理解
・人との相互的な関わりと子どもの発達
・生涯発達と初期経験の重要性　等

保育の心理学Ⅱ（演習1単位）
・心身の発達と保育実践・子どもの経験や学習過程の理解
・保育における発達援助　等

子どもの保健Ⅰ（講義4単位）
・★子どもの心理発達・子どもの精神保健
・子どもの心身の健康と保健の意義・子どもの身体発育
・子どもの疾病とその予防及び適切な対応
・★環境及び衛生管理並びに安全管理　等

子どもの保健Ⅱ（演習1単位）
・保健活動の計画及び評価・心身の健康に関する保健活動や環境
・疾病とその予防及び適切な対応・子どもの事故防止及び安全管理　等

家庭支援論（講義2単位）
・★家庭の意義と機能・子育て家庭を取り巻く社会状況
・保育士が行う家庭支援の原理・子育て家庭の支援体制
・支援の展開と関係機関との連携

保育相談支援（演習1単位）
・保育相談支援の基本
・保育相談支援の実際　等

相談援助（演習1単位）
・★相談援助の概要（理論，意義等）
・相談援助の方法と技術　等

【見直し後】

乳児保育Ⅰ（講義2単位）
・乳児保育の意義，目的と役割・乳児保育の現状と課題
・☆乳児保育の内容や体制の理解
・☆職員間の協働や関係機関等との連携　等

乳児保育Ⅱ（演習1単位）
・3歳未満児の発育，発達に即した生活や遊び
・☆乳児保育の方法や環境の構成
・乳児保育における配慮の実際　等

保育の心理学（講義2単位）
・保育実践に関わる心理学の知識
・★発達に関わる心理の基礎に基づいた子ども理解
・☆学びの過程や特性を踏まえた人との相互的関わり等の意義　等

子ども家庭支援の心理学（講義2単位）
・生涯発達と初期経験の重要性
・★子どもの精神保健
・★家庭の意義と機能・子育て家庭を取り巻く社会状況　等

子どもの理解と援助（演習1単位）
・心身の発達と保育実践・子どもの経験や学習過程の理解
・保育における発達援助
・☆子どもの理解に基づく援助の具体的な方法　等

子どもの保健（講義2単位）
・子どもの心身の健康と保健の意義・子どもの身体発育
・子どもの疾病とその予防及び適切な対応　等

子どもの健康と安全（演習1単位）
・保健活動の計画及び評価・心身の健康に関する保健活動や環境
・体調不良等に対する適切な対応・感染症対策
・★衛生管理並びに安全管理　等

子ども家庭支援論（講義2単位）
・★保育士が行う相談等の子ども家庭支援の意義，基本
・子育て家庭の支援体制・支援の展開と関係機関との連携　等

子育て支援（演習1単位）
・保育士の行う子育て支援の特性，展開
・保育士の行う子育て支援の実際（内容，方法，技術）　等

※　★は教授内容の再編，☆は新たな教授内容（いずれも主なもの）を示している。

出典：厚生労働省　（概要）「保育士養成課程等の見直しについて（検討の整理）」
　https://www.mhlw.go.jp/file/05-Shingikai-11901000-Koyoukintoujidoukateikyoku-Soumuka/gaiyou_3.pdf（2022年10月14日アクセス）

て家庭の状況や，子育てニーズを把握して「市町村子ども・子育て支援事業計画」を作り，5年ごとの達成目標などを立てて実行に移していきます。地域だけでなく企業による子育て支援応援として「仕事・子育て両立支援事業」を創設して事業所内保育所の整備やベビーシッター派遣サービスを利用促進するとあります。

さらに，2017年3月31日には保育所保育指針が10年ぶりに改訂されました。その中では子どもの年齢層ごとの保育の狙い及び内容が明確化されました。幼児教育の積極的な位置づけを行ったり，養護に関する基本的事項を明示したり，職員の資質・専門性の向上が盛り込まれています。

同年の2017年には「保育士等キャリアアップ研修ガイドライン」が整備されました。これは，保育所等におけるキャリアアップの仕組みを構築しようとするためです。一定の技能や経験を有する保育士等には相応の処遇改善を行い，職場への定着を図ろうというものです。

社会情勢の変化についてはみなさんも感じていることではないでしょうか。

わが日本の少子高齢化問題に真正面から臨んだと言われている「一億総活躍社会」構想が出されたのも2015年頃だったのですが，少子高齢化の進展は止めることができていません。むしろ，保育所の需要を増し，保育所やそこで働く保育士へ求める機能を増やしたと言っても過言ではないと思います。

こういった背景のもと「子育て支援」科目の新設が求められました。

（3）保育所と保育士に求められる「子育て支援」

今回の改訂では，障害や不適切な養育，外国籍など，個別の状況に配慮した支援を行うことや保護者支援を地域ぐるみの子育て支援とすること，そして地域や保護者が有する子育てする力があり，その力の向上に資すること，つまり，エンパワメントの視点の支援をすることが求められています。

これは，改訂前にあった「家庭支援論」「保育相談支援」「相談支援」などの科目に相当します。まさにソーシャルワークですが，新カリキュラムでは保育士養成にソーシャルワーク的な実践ができる保育士を求めていると考えることができます。

エンパワメントの視点についてはアメリカのソーシャルワーク実践の中で支援技法の一

つとして生まれてきたものです。

　しかし保育士がソーシャルワーカーであるかというとまったく同じというわけではありません。保育士の仕事の第一義的なものは保育そのものであります。そして働く場所は保育所がほとんどで保育所を含めた保育施設です。その中で保育士ができるソーシャルワークを「子育て支援」という名称にした時，イメージするのは，個室で保護者と面談して相談にのり，保護者の抱える問題を解決に導くソーシャルワークではありません。子どもの送り迎えの時，保護者の様子や態度・ことば遣いなどから保護者の抱えている問題や大変な状況を察知し，子育てに関することばがけをして，保護者の養育能力を引き出すお手伝いや寄り添いをすることではないでしょうか。

　もともとの旧カリキュラムの「家庭支援」「保育相談支援」「相談支援」という名称の科目のなかにも，保育士の行う日常の声掛け支援を含んでいましたが，名称の変更と旧カリキュラムの統合によって，保育士の行う支援の中身がより明確になってきたように思います。

　「子育て支援を学ぶ」みなさんのイメージはいかがでしょうか。社会の変化に対応して保育の現場で子どもへの支援はもちろん，保護者や地域に寄り添えるソーシャルワーク実践のできる保育士となっていただきたいと思います。

2．保育所保育指針の中の「子育て支援」

　保育所保育指針は，保育所が守るべき最低基準を示したものです。日本の保育のガイドラインである保育所保育指針は，1965（昭和40）年に策定され，その後2回の改定を経て，2008（平成20）年に告示化され，その中で「保護者に対する支援」が新たに設けられました。その後も，少子社会，個人化が進む社会の中で，子育て家庭に対する支援の必要性は一層高まっています。保育ニーズは多様化し，特別なニーズを有する家庭への支援，児童虐待の増加，子どもの貧困等の社会的課題等，子育て家庭や子どもの育ちをめぐる社会の大きな変化とともに，社会問題として子どもの育ちと現代の子育てがクローズアップされる時代となりました。これを受けて2017（平成29）年に改定され，「保護者に対する支援」の章を，「子育て支援」に改めた上で，記載の整理と充実が図られました。

　保育所保育指針第1章「総則」には，「保育所の役割」は「子どもの最善の利益」を理念とし，「家庭との連携」「子育て支援」がなされることであり，またそれらが「保育士の専門性」を基盤としてなされることが示されています。

　また，保育所保育指針第4章「子育て支援」には，保護者に対する相談支援の基本的視

点が示されています。加えて，保育所に入所している子どもの保護者との密接な連携の必要性や，保育所の地域における子育て支援の機能と役割について規定されています。つまり，保育者の保育業務には，日ごろの子どもの保育に加え，保育者による保護者支援が明確に位置づけられているということです。

さらに，保育所保育指針解説では，「保育所における保護者に対する子育て支援の原則」として，児童福祉法（第18条の4）に示される「専門的知識及び技術をもって，児童の保育及び児童の保護者に対する保育に関する指導を行う……」について説明が加えられています。

「子どもの保護者に対する保育に関する指導とは，保護者が支援を求めている子育ての問題や課題に対して，保護者の気持ちを受けとめつつ行われる，子育てに関する相談，助言，行動見本の提示その他援助業務の総体を指す。子どもの保育に専門性を有する保育士が，各家庭において安定した親子関係が築かれ，保護者の養育力の向上につながることを目指して，保育の専門的知識・技術を背景としながら行うもの」としています。

いま求められる保護者支援には，"指導"に加えて，"支援"の要素が大切にされるようになってきました。現代の子育てや子育ちをめぐる社会の大きな変化の中で，保護者が自信をもって子育てに向き合えるための支援や，保護者が困り感や悩みを表出できるように保護者との信頼関係を築く支援といった，子育てに悩みを抱える保護者への相談支援の技術が求められています。そこには"ソーシャルワーク"や"カウンセリング"の知識や技術を取り入れながら保護者支援にあたることが求められます。

さらに，「保護者と連携して子どもの育ちを支える視点」が求められます。子どもの育ちの姿とその意味を丁寧に伝えること，子どもの育ちを保護者とともに喜びあい，子育てに不安を感じている保護者も自信をもって，子育てを楽しいと感じることができるような保育所や保育士による働きかけや環境づくりが求められているのです。日中の育ちの場面の多くを保育所で過ごしている子どもの育ちをともに支えている感覚や自信を，そしてその喜びや感動をいかに保護者に伝えていくのか，それが保護者の養育力を高め，自信をもって子育てに向き合う力を発揮していくことにつながっていくのです。

保育所保育指針第4章「子育て支援」には，関係機関・市町村との連携について，障がいや発達上の課題が見られる場合，外国籍家庭などの特別な配慮を必要とする家庭への個別の支援，不適切な養育等が疑われる家庭への支援，地域の保護者等に対する子育て支援についてもその視点がまとめられています。

保育所保育指針からよみとく

保育所保育指針解説（厚生労働省 2018）を使って，次の部分をまとめてみましょう。

○ 「第1章　総則」「1．保育所保育に関する基本原則」からみえる「子育て支援」

(1) 保育所の役割
　　ア　子どもの最善の利益の考慮
　　保育所は，＿＿＿＿＿＿＿＿＿＿＿＿＿＿＿＿＿＿＿＿＿＿＿＿＿＿＿
　　＿＿＿＿＿＿＿＿＿＿＿＿＿＿＿＿＿＿＿＿＿＿＿＿＿＿＿＿＿＿＿＿＿

　　イ　家庭との連携
　　保育所は，＿＿＿＿＿＿＿＿＿＿＿＿＿＿＿＿＿＿＿＿＿＿＿＿＿＿＿
　　＿＿＿＿＿＿＿＿＿＿＿＿＿＿＿＿＿＿＿＿＿＿＿＿＿＿＿＿＿＿＿＿＿

　　ウ　子育て支援の役割
　　保育所は，＿＿＿＿＿＿＿＿＿＿＿＿＿＿＿＿＿＿＿＿＿＿＿＿＿＿＿
　　＿＿＿＿＿＿＿＿＿＿＿＿＿＿＿＿＿＿＿＿＿＿＿＿＿＿＿＿＿＿＿＿＿

　　エ　保育士に求められる専門的な知識および技術・専門性
　　①＿＿＿＿＿＿＿＿＿＿＿＿＿＿＿＿＿＿＿＿＿＿＿＿＿＿＿＿＿＿＿＿
　　②＿＿＿＿＿＿＿＿＿＿＿＿＿＿＿＿＿＿＿＿＿＿＿＿＿＿＿＿＿＿＿＿
　　③＿＿＿＿＿＿＿＿＿＿＿＿＿＿＿＿＿＿＿＿＿＿＿＿＿＿＿＿＿＿＿＿
　　④＿＿＿＿＿＿＿＿＿＿＿＿＿＿＿＿＿＿＿＿＿＿＿＿＿＿＿＿＿＿＿＿
　　⑤＿＿＿＿＿＿＿＿＿＿＿＿＿＿＿＿＿＿＿＿＿＿＿＿＿＿＿＿＿＿＿＿
　　⑥＿＿＿＿＿＿＿＿＿＿＿＿＿＿＿＿＿＿＿＿＿＿＿＿＿＿＿＿＿＿＿＿

(2) 保育の目標
　　イ　保護者に対する援助について
　　保育所は，＿＿＿＿＿＿＿＿＿＿＿＿＿＿＿＿＿＿＿＿＿＿＿＿＿＿＿
　　＿＿＿＿＿＿＿＿＿＿＿＿＿＿＿＿＿＿＿＿＿＿＿＿＿＿＿＿＿＿＿＿＿

（3）保育の方法
　　カ　保護者との連携
　　一人ひとりの保護者の状況や＿＿＿＿＿＿＿＿＿＿＿＿＿＿＿＿＿＿＿＿
　＿＿＿＿＿＿＿＿＿＿＿＿＿＿＿＿＿＿＿＿＿＿＿＿＿＿＿＿＿＿＿＿＿＿＿＿

（5）保育所の社会的責任
　　イ　地域との連携
　　保育所は,＿＿＿＿＿＿＿＿＿＿＿＿＿＿＿＿＿＿＿＿＿＿＿＿＿＿＿＿＿＿
　＿＿＿＿＿＿＿＿＿＿＿＿＿＿＿＿＿＿＿＿＿＿＿＿＿＿＿＿＿＿＿＿＿＿＿＿

　　ウ　個人情報・秘密の保持・苦情の解決
　　保育所は,＿＿＿＿＿＿＿＿＿＿＿＿＿＿＿＿＿＿＿＿＿＿＿＿＿＿＿＿＿＿
　＿＿＿＿＿＿＿＿＿＿＿＿＿＿＿＿＿＿＿＿＿＿＿＿＿＿＿＿＿＿＿＿＿＿＿＿

○　「第4章　子育て支援」における子育て支援の原則についてまとめておこう

　　【保育所における保護者に対する子育て支援の原則】
　　子どもの保護者に対する保育に関する指導とは,＿＿＿＿＿＿＿＿＿＿＿＿＿
　＿＿＿＿＿＿＿＿＿＿＿＿＿＿＿＿＿＿＿＿＿＿＿＿＿＿＿＿＿＿＿＿＿＿＿＿
　＿＿＿＿＿＿＿＿＿＿＿＿＿＿＿＿＿＿＿＿＿＿＿＿＿＿＿＿＿＿＿＿＿＿＿＿
　＿＿＿＿＿＿＿＿＿＿＿＿＿＿＿＿＿＿＿＿＿＿＿＿＿＿＿＿＿＿＿＿＿＿＿＿
　＿＿＿＿＿＿＿＿＿＿＿＿＿＿＿＿＿＿＿＿＿＿＿＿＿＿＿＿＿＿＿＿＿＿＿＿

　　【保護者と連携して子どもの育ちを支える視点】
　　保護者に対する子育て支援にあたっては,＿＿＿＿＿＿＿＿＿＿＿＿＿＿＿＿
　＿＿＿＿＿＿＿＿＿＿＿＿＿＿＿＿＿＿＿＿＿＿＿＿＿＿＿＿＿＿＿＿＿＿＿＿
　＿＿＿＿＿＿＿＿＿＿＿＿＿＿＿＿＿＿＿＿＿＿＿＿＿＿＿＿＿＿＿＿＿＿＿＿
　＿＿＿＿＿＿＿＿＿＿＿＿＿＿＿＿＿＿＿＿＿＿＿＿＿＿＿＿＿＿＿＿＿＿＿＿
　＿＿＿＿＿＿＿＿＿＿＿＿＿＿＿＿＿＿＿＿＿＿＿＿＿＿＿＿＿＿＿＿＿＿＿＿

第1章

子育て家庭の理解

1. 「家族」をみつめる

　子育て支援を学ぶにあたって，まず現代の子育て家庭について，つまり「家族」について理解することが大切です。

　最近のニュースに，虐待に関するものが増えてきていますが，中でも深く考えさせられる事件がありました。ママ友の指示に従って，成長に必要な食事を与えずに次男を死なせてしまったという事件です。保育士を目指しているみなさんはこの事件をどのように受け取られましたか。私は，子どもの命がそのようなことで失われたことはもちろんですが，ママ友の影響で家庭をこわすことができるのかと驚きました。現代の家族はさまざまで，第三者からは推測できない事情を抱えて，今まで以上に脆弱になっているのかもしれません。あるいは，さまざまな課題を抱えていても，知恵や工夫を駆使して家族で乗り切っているのかもしれません。

　次に紹介する3つのエッセイはそれぞれに課題をもっている家族と言えます。紹介する家族のみならず，経済的困難な中に子育てをしている家族，重病の老親や家族の看護のため，必要な養育環境を整えられない家族，両親の労働環境が厳しく子育てに十分時間を割けない家族など，保育所等保育施設を利用している子育て家庭はさまざまだと推測できます。

〈エッセイ1〉高齢出産・不妊治療

私（44歳）は2歳の息子を育てる母親です。現在，夫（46歳）と息子の3人で暮らしています。私たち家族が息子を授かるまで，それは長い道のりでした。バリバリと仕事を続け，夫と知り合って結婚したのが30代半ばでしたので，結婚も遅く，もしかしたら子どもを授かれないかもと感じていました。そんな中，不妊治療という選択肢があることを知りました。治療にかかるお金と精神的・肉体的負担は重く，2度の流産を乗り越え，高齢出産でなんとか息子を授かりました。しかし，息子は生まれて間もなくNICUに入りました。肺に穴があり呼吸が厳しいとのことでした。その時は，とにかく大切な命を助けてほしいという思いで，毎日母乳を絞って病院に届け，成長を祈った日々でした。今では，そんな息子も元気に育ち，私も仕事に復帰して，子育てをしています。仕事を続ける上で，日々の保育園，そして近くに暮らすジジ・ババ（私の父・母）の存在は欠かせません。多くの助っ人に育てられながら，みんなで子どもの成長を楽しんでいます。

〈エッセイ2〉里親になるということ

私はいま3人家族，私（母親）と夫，そして子ども（息子・里子）です。息子は小学生のときに私たちと出会い，家族になりました。息子には私たちと出会う前の人生や環境があり，私たち夫婦にもある。最初はそのバックグラウンドの違いから，お互い理解し合えない場面もありました。でも，他人からのスタートは悪いことばかりでもなく，自分の分身として捉えずにいられることが，かえって1人の人間として，対等に話し合ったり向き合ったりできることに最近気づき始めています。そんな家族を私たち自身，楽しんで生活しています。

〈エッセイ3〉大学生で親になること

　　私は今，大学4年生です。医療系看護大学で学んでいます。大学入学した時から付き合い始めた同じ大学の先輩と結婚したのは昨年でした。まだ学生だったのですが，彼が卒業して，病院の研修医になったことと，私が妊娠したのが分かったことで親の反対を押し切っての結婚でした。

　　はじめは，自分の体調管理と学業の両立は無理かと考えましたが，今年無事に4年生に進級できました。と同時に男の子を出産。3,336kgで元気な産声を聞いた時から，これからも頑張ろうと決意しました。

　　今年の前半は休学しますが，後期からは復学する予定で，今保育所を探しています。

　　最初は反対していた両親ですが，今では保育園のお迎えや実習期間中の世話などを手伝ってくれると言ってくれています。経済的にも学費や家賃など両親に支援してもらっていますが，不安がないわけではありません。夫も研修医期間中は大変忙しく子育てに協力を頼めそうにありません。

　　まだ，出産してすぐの時に気分が凄く落ち込んだことがありました。自分の環境が目まぐるしく変化していることがストレスでもあります。

子育て支援 ワーク❷

さまざまな家族エッセイを読んでみて，保育者としてさまざまな家族
を引き受けていくとき，どのような理解と配慮が必要でしょうか。

2. 家族・家庭の意義・機能

　家族とは何でしょうか。家庭という言葉も使われます。一般的に，「家族」とは血縁や親族から構成される概念ですが，「家庭」は血縁や親族を構成要件とはしない「個」人の相互関係で成る生活単位で，家族が暮らす場所を指します。

　しかし，今日の家族・家庭は非常に多様化しています。シングルペアレントファミリー，親のパートナーと同居している家族，里親家族，ステップファミリー，LGBT 家族など多様な家族のあり方をみなさん見聞きしていることでしょう。

　はじめに，家族・家庭の意義・機能は「子どもが育つ庭」であるとするフレーベルの考え方をみてみましょう。

(1) 子どもが種から育つ"庭"としての家庭

　子どもの"個性"の概念を世間に示したのはフレーベルです。古代ギリシア・ローマ時代から子どもはタブラ・サラ（純白の石版）とされ，大人がその石版を思いどおりに形成できるとされていました。子どもは家族における労働力とみなされていたのです。イギリスにおいて児童福祉法が制定されたのは，児童が労働力として使い捨てにされていた事実に基づいて描写したチャールズ・ディケンズの小説『デイヴィッド・コパフィールド』を契機としていました。そのような児童観の歴史を経て登場したフレーベルは，児童を個性をもった人格として扱いました。ドイツにおいてペスタロッチに私淑した時期を経て，児童の個性を強く印象づけられ，独自の理論と実践を重ねることになります。その実践はアメリカに渡り，さらに日本の保育現場にも多大な足跡を残しました。

　フレーベルは家族について「庭の比喩（the garden metaphor）」を説きました。フレーベルにとって「庭」は，種から始まる育ちの一連のプロセスを意味します。それが，家族の意義とされます。中心となる児童観は，子どもは種から始まって花となるまでを表し，アメリカの教育学者ヴィト・ペローンによると，次の3つに分類され，3段階とも内発的に生じるとされます。

　　第1段階：つぼみが開き始める（unfolding）

　　第2段階：花が開花する（blooming）

　　第3段階：花が咲き誇る（flowering）

　どの児童も生まれながらにしてその子だけに与えられた強い感性をもち，それが，環境の中で，何らかのきっかけに触れて開花していきます。家族との関係で言えば，家人は，子どもの内在的な才能の「開花」のために多様なきっかけを与え，子どもの内面の自然な開花を待つということになります。

（2）家族・家庭の意義・機能の変化

　児童には明確な個性が備わっている点が，かつてはフレーベルの時代に強調され，その理論はアメリカ経由で日本にも入ってきました。しかし，日本には独自の家庭文化，家族文化があります。家父長制度の下では，家のなかの物事の決まり方はトップダウンであり，画一化がむしろ美徳とされてきました。当時の日本では「個」に対する見方がほとんど育っていなかったのです。

　日本では1980年代後半まで，家族には，① 子どもの社会化機能，② 家族構成員の情緒的安定機能，③ 経済的機能，④ 老親の扶養，の4つの機能が求められてきました。男性は仕事，女性は家事・育児という性別役割分業が定式化していました。

　1990年代後半になると，多くの場合は女性が担うことになる高齢者の家族介護や育児の負担が目に見えるようになってきます。家庭では，女性が家事や介護・育児を担うべきという考え方が女性たちを過重な負担に追い込んだとみることができます。

　1992年には「少子化」という言葉が登場します。

図1-1　出生数及び合計特殊出生率の年次推移

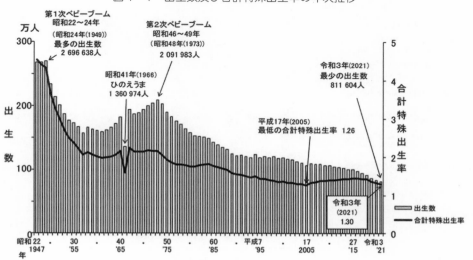

出典：厚生労働省（2021）「令和3年　人口動態統計月報年計（概数）の概況」

図1−2　子供を生み育てやすい国だと思うか（4か国比較）

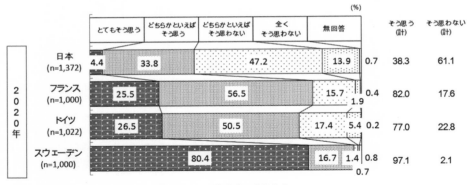

出典：内閣府「令和2年度少子化社会に関する国際意識調査報告書」

図1−3　子供を生み育てやすい国だと思う理由

	2020年				日本	
	日本 (n= 525)	フランス (n= 820)	ドイツ (n= 787)	スウェーデン (n= 971)	2020年 (n= 525)	2015年 (n= 351)
各種の保育サービスが 充実しているから	37.9	54.4	58.4	74.5	37.9	27.1
教育費の支援、軽減があるから	39.0	51.1	39.3	84.1	39.0	28.8
妊娠から出産後までの母体医療 ・小児医療が充実しているから	46.1	56.0	58.3	71.0	46.1	52.1
公園など、子供を安心して育てられる 環境が整備されているから	32.0	45.2	52.9	57.7	32.0	29.6
雇用が安定しているから	10.3	5.6	28.2	70.1	10.3	13.1
フレックスやパートタイムなど、 柔軟な働き方ができるから	17.0	23.7	52.6	66.8	17.0	13.1
育児休業や出産休暇を取りやすい 職場環境が整備されているから	13.7	22.4	31.5	49.5	13.7	16.0
育児休業中の所得保障が 充実しているから	8.2	25.4	44.7	83.6	8.2	8.3
子育ての経済的負担が少ないから	4.8	9.0	12.1	19.2	4.8	6.6
地域の治安がいいから	52.0	28.3	32.0	34.0	52.0	51.3
親との同居、近居により 親の支援があるから	17.9	25.6	20.2	24.9	17.9	28.5
地域で子育てを助けてもらえるから	5.5	14.3	14.4	40.9	5.5	13.7
子供を生み育てることに 社会全体がやさしく理解があるから	8.6	16.6	19.7	54.5	8.6	11.4
その他	3.2	0.2	0.6	0.5	3.2	-
無回答	0.4	0.1	0.1	0.5	0.4	0.6

注：「無回答」について，2015年は「わからない」という項目になる。
出典：図1−2に同じ

　図1−1のように，1989（平成元）年に合計特殊出生率が1.57となり，2005（平成17）年には1.26で最低の値となりました。日本は先進国の中で合計特殊出生率が極めて低く，2021年は1.30と低い水準を保ったままで，少子化は深刻です。少子化の現象には，家族に求める機能や意義の変化が反映されています。

　内閣府は，2005年から5年ごとに，継続して，日本とフランス，ドイツ，スウェーデンの4か国における交際，結婚，出産，育児，ワーク・ライフ・バランス，社会的支援，生活意識について比較調査を行っています。「子供を生み育てやすい国だと思うか」について聞いた回答（2020年）が図1−2です。日本については，図1−2の同じ質問に対して，「とてもそう思う」は，2005年に9.0％→2010年8.6％，2015年8.0％と徐々に減り，2020年では4.4％ですから，厳しい子育て環境は変わっていない，さらに悪化していると言えるでしょう。子供を生み育てやすい国であるとする理由は，各国，図1−3のようになっています。日本は，比較して保育サービスや社会の理解に恵まれているとは言えませんし，雇用・仕事との関係で問題も山積みであることがわかります。

　日本では，子育てにかかる経済的負担（図1−4）や妻に過剰にかかる育児負担（図1−5）

図1−4　子育てにかかる経済的な負担で大きなもの

| | 2020年 | | | (%) | | 日本 | | (%) |
	日本 (n= 752)	フランス (n= 500)	ドイツ (n= 448)	スウェーデン (n= 519)		2020年 (n= 752)	2015年 (n= 448)	2010年 (n= 747)
保育にかかる費用（保育所・幼稚園、保育ママや学童保育を含む）	39.0	32.8	38.4	19.1		39.0	40.4	32.1
学校教育費	36.8	22.2	31.9	0.6		36.8	34.6	22.8
学習塾など学校以外の教育費	59.2	14.6	24.3	2.5		59.2	49.3	36.5
学習塾以外の習い事の費用	42.8	48.0	14.3	39.7		42.8	30.1	19.9
通信費（携帯電話の費用など）	19.8	16.2	17.6	16.6		19.8	10.3	8.8
食費	30.5	39.6	33.9	19.8		30.5	24.1	18.5
衣服費	27.3	53.6	60.3	35.3		27.3	15.8	20.5
住宅費	13.4	15.0	23.0	7.9		13.4	10.5	7.0
医療費	10.8	11.6	13.6	0.8		10.8	13.8	12.7
レジャー、レクリエーション費	17.7	42.6	48.4	31.2		17.7	12.7	12.3
その他	1.3	0.2	0.7	3.9		1.3	-	0.1
特にない	4.5	5.0	13.8	25.6		4.5	4.2	9.8
無回答	0.4	-	0.2	1.9		0.4	0.7	1.2

注：「無回答」について，2015年以前は「わからない」という項目になる。
出典：図1−2に同じ

図1−5 小学校入学前の子供の育児における夫・妻の役割について（4か国比較）

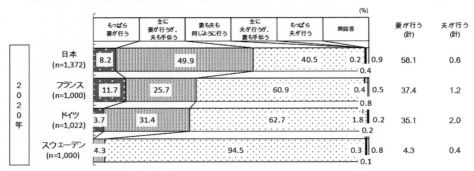

出典：図1−2に同じ

図1−6 子育てに対する楽しさ・つらさ（4か国比較）

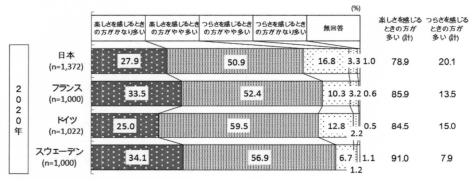

出典：図1−2に同じ

図1−7 子育てをして良かったと思うこと

	2020年				日本			
	日本 (n= 1,372)	フランス (n= 1,000)	ドイツ (n= 1,022)	スウェーデン (n= 1,000)	2020年 (n= 1,372)	2015年 (n= 754)	2010年 (n= 1,248)	2005年 (n= 1,115)
家庭が明るくなる	70.9	63.7	70.5	66.7	70.9	72.9	73.2	76.5
身近な人が子供と接して喜ぶ	27.1	23.0	32.8	48.7	27.1	25.1	24.2	24.9
生活にはりあいができる	44.7	59.3	54.9	53.7	44.7	52.8	54.1	58.1
子育てを通じて友人ができる	24.3	6.8	23.3	22.2	24.3	30.2	34.1	38.3
子育てを通じて 自分の視野が広がる	52.6	37.5	46.0	50.5	52.6	52.8	46.6	49.3
子育てを通じて 自分も精神的に成長する	63.4	36.8	45.2	76.7	63.4	62.7	60.3	60.9
夫婦の愛情がより深まる	22.0	24.8	33.2	32.0	22.0	27.9	29.6	31.3
その他	2.0	0.7	0.7	2.0	2.0	0.3	0.7	0.4
良いと思うことは特にない	3.8	9.8	6.3	3.0	3.8	0.1	0.3	1.0
無回答	0.6	0.8	0.6	1.2	0.6	3.8	3.8	3.1

注：「無回答」について，2015年以降は「わからない」という項目になる。
出典：図1−2に同じ

ものしかかっています。

　決して子どもを生み育てやすいとは言えない日本では，子育ての楽しさや喜びが享受できれば，子育てに明るさがみえてきますが，現実はどうでしょうか。図1−6，1−7から分析してみてください。

（3）コロナ禍を経て─家族・家庭の変化

　同調査では，新規の項目として「新型コロナウィルス感染症拡大の影響」を聞いています。「子供を持ちたいという気持ちが強くなった」割合は低く，日本3.5%，フランス8%，

図1−8　子育てにあたって利用したい制度

(%)

	2020年			
	日本 (n= 752)	フランス (n= 500)	ドイツ (n= 448)	スウェーデン (n= 519)
出産・育児に関する休暇制度	49.2	42.4	57.8	91.9
短時間勤務制度（1日の勤務時間を所定労働時間よりも短くして働くことができる制度）	45.7	24.4	41.7	47.2
テレワーク・在宅勤務（情報通信技術を活用した、場所や時間にとらわれない働き方・自宅を就業場所とする働き方）	31.6	14.4	24.1	33.1
子供の看護のための休暇制度	43.2	38.0	17.9	74.8
保育所（認可以外の保育所、保育園等を含む）	31.3	22.6	57.1	83.4
保育ママ・ベビーシッター	9.7	28.0	25.0	10.6
企業が従業員のために作った託児所	17.0	4.6	10.0	3.7
幼稚園	21.3	28.6	24.6	66.9
放課後児童クラブ	23.5	25.0	34.2	64.9
地域における子育て支援サービス（ファミリーサポート、つどいの広場など）	15.4	6.6	15.0	40.3
その他	0.8	-	0.7	0.6
特にない	13.0	11.6	9.6	1.3
無回答	6.5	0.4	0.2	1.0

出典：図1−2に同じ

ドイツ 15.4％，スウェーデン 7.7％にとどまっています。また，「家事や育児の負担」については，「増えた」と答えた割合は，日本 27.9％，フランス 23.1％，ドイツ 29.1％，スウェーデン 19.2％と多く，「減った」と答えた割合は 1.6％（日本）〜6.3％（スウェーデン）で家事や育児の負担は「減る」ことはありませんでした。「家族や交際相手とのコミュニケーション」は，23.3％（日本）〜36.0（ドイツ，スウェーデン）「増加」しています。

　注目すべきは，「子育てにあたって利用したい制度」（図1-8）に，時短勤務制度やテレワーク・在宅勤務など，子育てとライフ・ワーク・バランスのマッチングが求められるようになったことです。

3. 家族・家庭の現在

　前節では，家族・家庭の機能と意義を見ました。コロナ禍を経て，家族は工夫して，より一緒の時間をつくるようになっているようにみえます。

　しかし，現代の家族のあり方は，従来型の枠を越えています。長い間の日本型画一的家族制度のもとで，行動上の強いこだわりを持つがゆえに周囲や家庭から“落ちこぼれる”子どもたちの存在が，最近とみに顕著になりつつあります。貧困の問題，保護者自身が何らかの精神的疾患，うつ，アルコール依存，ギャンブル依存を抱えているいわゆる崩壊家庭が子どもという弱者を巻き込んでいます。家族・家庭が，家族メンバーの安らぎや愛情など情緒的安定を得る場としての機能を果たすことができないのです。

（1）現代の多様な家族

　現代には，ひとり親家庭，里親家族，ステップファミリー，LGBT 家族などにみられるマイノリティの人たちの置かれた苦しみがあります。

　141 万世帯を超えているひとり親家庭のうち，特に母子家庭は父子家庭に比べて，図1-9のように，非正規で就業している割合が高く，収入が低い状況にあることがわかります。平均年収は 243 万円となっていますが，あくまで平均であり，貧困ライン（国民の所得の低い額から並べたときの中央値の半分の額）は平成 27 年で 122 万円であり，ひとり親の場合，50％以上が貧困ラインを超えます。内閣府の「令和 3 年子供の生活状況調査の分析報告書」によると，子どもの貧困率（子ども全体に占める貧困ラインに満たない子どもの割合）は 12.9％であり，7 人に 1 人の子どもが貧困ということになります。

　厚生労働省の 2015 年の人口動態統計特殊報告「婚姻に関する統計」から，婚姻する夫

図1-9 母子家庭・父子家庭の現状

	母子世帯	父子世帯
1 世帯数［推計値］	123.2万世帯 （123.8万世帯）	18.7万世帯 （22.3万世帯）
2 ひとり親世帯になった理由	離婚 79.5%（80.8%） 死別 8.0%（ 7.5%）	離婚 75.6%（74.3%） 死別 19.0%（16.8%）
3 就業状況	81.8%（80.6%）	85.4%（91.3%）
就業者のうち 正規の職員・従業員	44.2%（39.4%）	68.2%（67.2%）
うち 自営業	3.4%（ 2.6%）	18.2%（15.6%）
うち パート・アルバイト等	43.8%（47.4%）	6.4%（ 8.0%）
4 平均年間収入 ［母又は父自身の収入］	243万円（223万円）	420万円（380万円）
5 平均年間就労収入 ［母又は父自身の就労収入］	200万円（181万円）	398万円（360万円）
6 平均年間収入 ［同居親族を含む世帯全員の収入］	348万円（291万円）	573万円（455万円）

※ （　）内の値は，前回（平成23年度）調査結果を表している。
※ 「平均年間収入」及び「平均年間就労収入」は，平成27年（平成22年）の1年間の収入。
※ 集計結果の構成割合については，原則として，「不詳」となる回答（無記入や誤記入等）がある場合は，分母
　となる総数に不詳数を含めて算出した値（比率）を表している。

出典：厚生労働省子ども家庭局福祉課「ひとり親家庭の現状と支援施策について～その1」令和2年

婦の約4組に1組は，どちらかあるいは双方が再婚している「ステップファミリー」であることがわかります。ステップファミリーとは，離別または死別の後，子連れで再婚する結果形成される家族のことです。アメリカでは1970年代から離婚の増加とともにステップファミリーも増え，社会的な認知度は高く，支援団体も多く存在します。しかし，「ステップファミリー」の日本での認知度は15%と低く，「いいことだと思う」という賛成意見は32%に留まっています（日本法規情報，2018）。血縁のない親子や兄弟姉妹というステップつまり「継（まま）」の関係を築く家庭は，多くの課題を抱えますが，日本では未だ理解を得られにくく，支援も行き届いていないのが現状です。

　理解を得られにくい家族の形態として，LGBT家族があげられます。NHK調査（2015）によると，「人間はひとりでは生きられません。家族や友人など，周囲の人々とのかかわりや信頼関係，支え合いを大切にしながら生きています。そんな当たり前のことが，LGBTの当事者にとっては非常に難しい」という実情が浮かび上がり，「多様な生き方や家族の形　認める社会を」と求めています。そのようななか，たとえば，NPO法人の家族と友人をつなぐ会は，ミーティングや講演会，ワークショップ，執筆活動など，広く，力強く活動を続けています。

(2) 問題を抱える家族

　形態としての多様化をみるだけでは危機的な家族の姿を表面だけみることになり，いわゆる崩壊家庭の実態は明らかにできません。崩壊家庭においては貧困，うつ，アルコールやギャンブル，ゲーム依存などを抱えている場合が多くみられます。注意しなくてはならないのは，これらは単一ではなく，複合的に合併症のように家族を蝕んでいるということです。一人の人がアルコールだけでなくギャンブルに，ゲームにと依存している可能性があるのです。大人の中での依存者が増えたということは，とりもなおさず，家庭が崩壊することであり，被害者には子どもたちも含まれます。

1）産後うつ

　出産後の女性の 10 人に 1 人が経験するといわれているのが，産後うつです。出産直後のホルモンバランスの不均衡から一時的に気分が落ち込むマタニティブルーとは異なり，育児への不安や職場復帰への焦りなどさまざまなストレスが要因の多くを占めるとはいえ，原因はわかっていません。産後うつは出産後の 1〜6 か月の間に発症しますが，里帰り出産から自宅に戻るのが産後 1 か月ほどであり，その頃には夫が仕事中心になることによる母親の不安感の増加と関連するでしょう。家事や育児を怠けているのでもないことを，夫をはじめさまざまな人たちが理解して支えていくことが求められています。同じ症状を経験した母親たちによる支援グループも立ち上げられてきており，長くて暗いトンネルのような状態から回復する経験が共有されてきています。

2）児童虐待，ドメスティック・バイオレンス

　1990 年代以降，児童虐待や日本では「配偶者や恋人など親密な関係にある，またはあった者から振るわれる暴力」という意味で使用されるドメスティック・バイオレンスなどの家庭内暴力が問題化してきます。暴力は，家庭内で権力をもつ人によって，家族・家庭内の弱い立場にあるメンバー（構成員）に向かいます。子どもであったり，女性であったり，高齢者や障がい者に向かうのです。

　児童虐待について，児童相談所の相談件数をみると，1990 年度から 28 年間，連続で増え続け，厚生労働省によると，令和 2 年度の件数は 20 万 5,029 件となっています。前年度より 1 万 1,249 件（5.8％）増加しています。10 年前は 4 万 2,000 件余り，20 年前は 7,000 件に満たないという数値でしたが，近年はほぼ毎年 2 桁の増加率となっています。

これは，「189（いちはやく）」の通報ダイヤルの呼びかけなどもあり，通報が活発化しているということもあります。内実としてみると，これまでより「心理的虐待」が増えているという変化が見られます。

「心理的虐待」には，兄弟姉妹をあからさまに比較したりすることも含まれます。これらは従来は「しつけ」の名のもとに行われていました。しかし，近年では，「体の傷は癒されるが，心の傷は消えない」との見方をする人も増えています。人は心の傷については他人に語ることはありません。ですから，心の傷の問題は顕在化しないのです。

2004年の児童虐待防止法改正により，ドメスティック・バイオレンスを目撃するだけでも，子どもにとっての虐待になるという認識が広まりつつあります。18世紀の教育家ザルツマンの『かにの本』（村井実訳）にすでに述べられていた，父母の間での激しい対立をあからさまに子どもに見せることを暴力と見なすべきだということが認識されるようになりました。

3）依存症

図1−10は，近年のアルコール，薬物，ギャンブル等それぞれの依存症患者のうち，1回以上精神科に外来に来た人の数と依存症で精神病床に入院している人（カッコ内）の数です。外来しない潜在的外来数を示してはいません。

① アルコール依存症

アルコール依存症は，自覚をもって受診する人はほんの一部であり，2020年の調査によると潜在患者数は過去1年で57万人という膨大な数に上ります。アルコール依存症者

図1−10　近年の依存症患者数の推移（NDB）

		平成26年度	平成27年度	平成28年度	平成29年度
アルコール依存症	外来患者数（入院患者数）	92,054（25,548）	94,217（25,654）	95,579（25,606）	102,148（27,802）
薬物依存症	外来患者数（入院患者数）	6,636（1,689）	6,321（1,437）	6,458（1,431）	10,746（2,416）
ギャンブル等依存症	外来患者数（入院患者数）	2,019（205）	2,652（243）	2,929（261）	3,499（280）

※外来：1回以上，精神科を受診した者の数
※入院：依存症を理由に精神病床に入院している者の数
※1年間に外来受診と精神病床入院の両方に該当した同一患者は，上記の外来と入院の両方の数に計上
出典：厚生労働省　社会援護局　障害保健福祉部　精神・障害保健課　依存症対策推進室（2020）「依存症対策について」より筆者作成

は三角形でイメージできます。頂点のほんの一角が自助グループ等の利用者で1万人ほどだと想定できます。次が精神科医療受診者で9.5万人，三角形の真ん中までが，前述の潜在患者数57万人です。三角形の底層部分は広く潜在的な患者が存在すると考えられます。三角形の頂点から底辺まですべてを潜在患者数（生涯）として107万人とみられています。

　アルコール依存の渦中にいる人々は自覚症状がないままに周囲の人々を巻き込むことがよくあります。最近では欧米では文学のテーマとなっており，ある作家はそれを「竜巻」と称しているほどです。

　アルコール依存症については欧米では自助グループAA（アルコホーリクス・アノニマス）が機能しています。日本でもAAグループがありますが，一般の認知度は低いです。日本の文化は恥を隠す文化であり，AAのような活動は家庭支援活動として認可されない面が強いのです。アルコール依存症の人たちが家庭を崩壊させる事例は欧米ではおびただしい数にのぼります。

②　薬物依存症

　10代の子どもたちの薬物乱用について詳しい医師の松本俊彦氏によると，薬物乱用は「健康問題」として扱うべきであると言います。10代の子どもが薬物に手を出した原因を追っていくと，薬物に手を出すまでの約半年の間に，一時的なうつ状態や不安障害に陥っていることが多いというのです。この時点で表面化すればメンタルヘルスの問題になりますが，"支援"がないために本人が薬に手を出す犯罪になってしまいます。

　痛み止めや特に女子が服用する生理痛のための市販薬に，覚せい剤の原材料にもなるアッパー系の成分メチルエフェドリン塩酸塩でテンションが上がったり，ジヒドロコテインリン酸塩という麻薬の弱いものであるダウナー系の成分が気分を落ち着かせたりする成分が含まれているということです。このような市販薬を，つらい気持ちをまぎらわすために安易に使ってしまったり，過量服用している場合もあるということなのです。一時的に元気にはなるものの，アッパー系とダウナー系の成分が混合しているので，感情の浮き沈みがいっそう激しくなったり，薬が切れた後で，それ以前よりもうつ状態になるということです。そのような状態を繰り返して悪化した子どもたちが，精神科外来に訪れるということになります。それだけでなく，隠れて仲間同士でお酒を飲むこともあることになりますが，ダウナーなアルコールにアッパーなエナジードリンクを混ぜたりすると，両方の効果が高まってしまい，その分がさらに心身に悪影響を及ぼすということです。

　松本氏が強調するのは，善悪という「道徳」よりも，健康的な生き方を考える「保健」として指導するということです。多くの大人が依存性物質のアルコールで気分を変えているのとは違い，「違法性薬物を一回でも使うと，快感を脳がインプットして依存症になる」ということです。薬物に手を出すリスクの高い10代は，大人たちに不信感をもっていることも多いことから，脅しの薬物乱用防止教育では効果がないとします。しかし，薬物が怖いのは，脳内報酬系がハイジャックされ自分の行動が薬に振り回され，支配され，意欲を完全に喪失することです。

　彼ら，彼女らが不安にさいなまれているとき，もし，家族だけでなく周囲の大人が気づき，寄り添ってくれればと思わざるを得ません。

③　ギャンブル依存症

　日本のギャンブル依存症の成人の多さも知られていません。厚生労働省の令和2年の調査では，ギャンブル等依存が疑われる人（全人口比）は男性3.7％，女性0.7％に及びます。2016年の調査では約70万人（2.7％）でしたから，増加しています。見逃せないのが，コロナ禍でインターネットを使ったギャンブルの利用が増えていることです。また，ギャンブル依存症が疑われる人は，有意に抑うつ・不安が強く，希死念慮や自殺企図の経験率が高いこともわかっています。調査にはパチンコ，スロットが含まれており，536万人（4.8％，2013年）とされていました。令和2年では，内訳は，男性：パチスロ（35.4％），パチンコ（34.6％），女性：パチンコ（60.0％），パチスロ（16.0％）となっています。海外は0.5〜2％前後ですから，日本の罹患率は突出しているのです，日本はどこへいっても町中に大型のパチンコ店がありますが，パチンコ店を全て廃業に追い込んだ国もアジアにはあります。

　ギャンブルの種類のうち，男性に多い1，2位が上記ですが，3位は競馬（12.3％）です。女性も1，2位は上記ですが，同じく2位が，宝くじ（ロト，ナンバーズ等を含む）（16.0％）です。

　筆者の周囲でも，パチンコ依存の両親が借金を重ねる家庭で育ったという人を多く見受けます。ギャンブル依存症は，世界保健機関（WHO）で認定された病気であり，意志や根性論，精神論では解決できません。日本で立ち遅れている予防教育や回復施設，自助グループなどの支援が必要です。

④　ゲーム依存症

　この 10 年間の変化でもう一つ重要なのは，世界保健機関（WHO）によって，ゲームの
やり過ぎで日常生活に支障を来す「ゲーム依存症」が正式に疾病認定されたことです。

　2019 年末，ゲーム依存外来をもつ国立病院機構久里浜医療センターが「ゲーム障害」
に関する実態調査を行った結果，10 代と 20 代の約 12％が休日に 6 時間以上ゲームをして
います。プレー時間が長い人ほど，学業・仕事への悪影響や心身の不調を感じてもゲーム
をやめられないなどの依存傾向にあります。同センターの樋口進院長（当時）は，ゲーム
時間が長くなるほど依存行動や起因する問題の割合が高くなっているとしています。昼夜
逆転による不登校，引きこもりなどは，ゲーム依存に起因する問題です。

　これまで，ゲーム依存に関してその深刻さが一般に理解されなかったのは，この問題が
家庭内に隠匿される傾向があるからであり，親，家族の者はゲーム依存の問題を一時的な
“熱中”と捉え，疾病の認識がなかったことによるのでしょう。

　ゲーム依存は，間接的に低い自己肯定感，ギャンブルへの嗜好，食生活の乱れ，読解力
の低下などを引き起こすとされます。

　「読解力の低下」について新井紀子氏が指摘した「読まない人，考えない人」の出現が
特に重要です。他人の言動によって動かされやすいために，何かに依存する傾向に拍車が
かかるのです（『AI vs. 教科書が読めない子どもたち』）。

　ゲーム依存により，従来の家族・家庭の意義も機能も一変しました。子どもたちの居場
所が，かつてのように家ではなく，ゲーム空間としての自分の部屋なのです。かつての「飯，
風呂，寝る」しか言葉のない親子関係が再現したのです。大人もメディア社会で誘惑され
る遊びに依存するという“外向き”家庭となっているのですから，家庭支援も新しい時代
を迎えます。

4．子ども家庭支援のこれから

　3 節（2）3）の④でみたのは，現代の子どもたちが，いかに突出したメディアライフを
送っているかを示すだけでなく，親たちもメディア社会のなかで依存にとらわれ，関心が
家庭の外へ，外へと向かってしまっています。10 年前と今とでは，家庭を支える諸事情
が変化しており，10 年前の知見や暗黙知の中には現在では使えないものも多く含まれて
います。その最たる例が，新しいメディア環境の中での，いわゆる impersonal（関係性が

薄い）な家庭生活です。関係が希薄になっている家族・家庭の意義と機能は，「愛情とは何か」という吟味なしには，制度面の公的支援を詮索しても限界があると考えられます。

（1）子どもを「守る」機能

家族・家庭の意義はいまや，子どもたちを突出したゲーム世界から守る積極的なかかわりへと変質しています。大人も関心事や価値観が内，つまり家庭ではなく，外へ楽しみを求める方向に向かわせられ，impersonal な家庭生活も少なくないと思われます。しかし，大人たちに求められる家族・家庭の機能には，子どもを守る姿勢が加わったことは確かです。

政府や自治体は子育て支援の取り組みを行ってきています。地域ぐるみで子どもを育てる視点がますます重要だと認識されています。

「地域で子育てを支えるために重要なこと」として女性が圧倒的に回答しているのが「子どもの防犯のための声かけや登下校の見守りをする人がいること」「不意の外出や親の帰りが遅くなった時などに子どもを預かる人や場があること」です（図1−11）。

地域で見守ってくれる人や場所があることが望まれているわけですが，一つには，2019年時点で全国におよそ約3,700か所に及ぶ「子ども食堂」にみられるように，支援がグラスルーツ持ち上がり型（地域での小規模な活動に場所や予算を行政が支援するという形）となっています。もう一つは，引きこもり児童や不登校児童が通う特別支援学校または民間のフリースクールなどが受皿として機能しているように，支援組織そのものの質的変容が見られます。このような背景のもとで，地域ぐるみの子育てはメディア露出度が上がりました。

行政も，子どもを守る家庭支援について踏み込んだ政策が見られます。ゲーム依存に関して言えば，香川県は18歳未満の子どもをネット・ゲーム依存から守るとして「香川県ネット・ゲーム依存症対策条例」を制定しました。罰則はありませんが「ゲームは平日1日60分まで」「午後10時以降はゲーム禁止」などの具体的な制限が設けられ，家庭への関与を前提にしています。一昔前には，個人の自由時間について公的な立場からここまで介入することはなかったことから，ゲーム依存の深刻さがわかります。

熱中している人も多いある種のゲーム（ハンターシリーズ）などは，社会的良俗をはるかに超えていると専門家が指摘するほど内容的に残虐性が高く，しかも，課金によってギャンブル要素を加味されているうえに，ゲーム仲間から抜け出すことへの仲間からの仕打ちが怖い，という構造になっています。依存を温存する仕掛けが2重3重に仕掛けてありま

図1-11　「地域で子育てを支えるために重要なこと」

	全体 (%) (n＝1,639)	男性 (%) (n＝723)	女性 (%) (n＝916)
子どもの防犯のための声かけや登下校の見守りをする人がいること	<u>64.1</u>	<u>58.1</u>	<u>68.9</u>
子育てに関する悩みについて気軽に相談できる人や場があること	58.1	56.3	59.6
子育てをする親同士で話ができる仲間づくりの場があること	54.5	52.4	56.2
子どもと大人が一緒に参加できる地域の行事やお祭りなどがあること	45.8	46.6	45.1
子育てに関する情報を提供する人や場があること	45.1	44.5	45.5
子どもと一緒に遊ぶ人や場があること	42.0	<u>45.2</u>	39.4
不意の外出や親の帰りが遅くなった時などに子どもを預かる人や場があること	40.7	35.3	<u>45.0</u>
地域の伝統文化を子どもに伝える人や場があること	36.1	37.1	35.3
子どもにスポーツや勉強を教える人や場があること	32.3	<u>39.1</u>	27.0
小中学校の校外学習や行事をサポートする人がいること	28.8	29.9	27.9
子育て家庭の家事を支援する人や場があること	24.6	25.3	24.1
子どもに自分の職業体験や人生経験を伝える人や場があること	24.5	25.9	23.4
その他	0.2	0.4	－
特にない	1.0	1.0	1.1
わからない	0.7	0.6	0.8

出典：内閣府「平成25年度　家族と地域における子育てに関する意識調査」より筆者作成

す。ゲーム依存は低年齢化しているため，問題に対処するには家庭の参加を求めるしかないのです。

　ゲーム依存の問題に関しては，海外ではリハビリセンターが数多くあります。中国では，社会学者の協力のもと，この問題の家族的背景が調査されました。中国は一人っ子政策のもとで，子どもは大事にされてきたと思われていましたが，意外にも，崩壊家庭または養育放棄の家庭が多く，子どもたちは，自分の思いどおりになるゲーム世界に救いを求めたと分析されています。

　リハビリセンターでの面談では親が同伴することからも，ゲーム依存の問題は家庭内の愛情不足という不可視的要因が明らかにされました。愛のない家庭が機能しない理由には少なくとも，次のような要素があるとされています。

(1) 過度の競争意識に，両親のどちらかが捕らわれている場合。

(2) 世間に広く流布する，子育てセミナーの類が成功者を模範化する結果，子育てがう
　　まくいかない場合，母親は自分を責めるか，夫との間に亀裂が生じる。

　このような見解は，受け入れがたいかもしれません。しかし，若い女性たちもが，自分
の思いどおりになる生活をゲームによって夢みているとしたらどうでしょう。ある有名な
ゲーム（いわゆる結婚ゲーム）は，自分の思いどおりにならない「婚活」に際してはリセッ
トを繰り返すゲーマーが増えました。つまり，人間に必要な根気や忍耐力が育ちにくいの
がゲームの世界であり特徴ですが，それが，間もなく母親になる世代にも受け入れられ，
熱中しているということです。

　大人たちに「子どもを愛するとはどういうことなのか」——哲学的テーマが突き付けら
れていると考えなくてはなりません。難しいことですが，大人たちは，一人ひとり考え抜
かなくてはならない問いです。

(2) 子どもを「育成」する機能

　保育には，保育施設または家庭の中で行われる保育サービスまたは家庭教育などを含み
ます。広義には，衣食住生活全般にわたる「しつけ」と解されており，これらも重要な支
援ですが，概して画一的であり，海外の保育学100年の歩みの中で中心を占めてきた，児
童の内的個性の問題は，日本の保育現場では看過される傾向があります。理由は複雑です
が，「皆と同じことができるようになること」が文化的美徳とされるからでもありましょう。
一方，諸外国では，幼児といえども強い個性をもっていると考えられています。このよう
な文化的な違いを認めたうえで，「個性」の把握が，保育者の仕事に含まれるという視点
が必要です。

　家族・家庭の意義は，従来のように，居心地の良い寄港地のような場所であるだけでは
不十分で，子どもたちがもつ多様な才能を育てる場所として学校教育を補完する場所とし
ての機能が期待されています。それは，家族にとっては，一見疎遠な関係になりつつある
学校との協力体制です。

　家族が子どもに求めることのなかで第1に位置するのは，「健全な判断，健全な選択が
できるようになること」でしょう。日本的な感覚では，子どもたちの価値観や判断力など
の内面は，学校の関係者に関与してほしくないという人も多いでしょうが，眼を海外に転

じると，子どもたちの健全な価値観の形成のために家庭と学校が協力することは，決して珍しくありません。

　メディアが日常の隅々まで浸透した今，注意すべきは，激変した生活環境を外側からみるのではなく，子どもたちが家族・家庭でどのような内的かかわりをすることが可能かを精査すべきではないでしょうか。「育成」という前向きの視点で，保育関係者にとって必須のいくつかの事柄を紹介します（いずれも，外国の保育教育または小学校低学年教育で行われていることなので，そのまま日本の保育現場に応用できるわけではありません）。

　文部科学省は 2017 年に「いじめ防止基本法」を制定しましたが，世の中には，人と異なる感性，価値観，関心事をもつ子どもたちが，これらを隠しながら学校生活を送ることも珍しくありません。つまり，日本では“支援されない”子どもたちがサイレント・マジョリティとして存在し，学校においても，家庭においても，仮面をかぶることを余儀なくされます。

　優れた才能をもった子どもたちが，学校の中で仮面をかぶって生活することで，埋もれてしまうことは避けなくてはなりません。子どもたちが最も長く時間を過ごす学校が，必ずしも一人ひとりの優れた才能を開花するほうに向いているとは言えない以上，家庭がそれを代替することが求められています。

　その新しい役割として 3 つの具体的方策を提示します。描写レヴューという共同アセスメント，ポートフォリオ，ドキュメンテーションです。

1）描写レヴュー

　描写レヴューは，1960 年代のアメリカで，幼稚園教諭であったパトリシア・カリーニらによって「子どもの良さ（強み）を伸ばすために，その子をよく観て，描写することによって明らかにする（表に出す）」方法として教師グループが取り組みました。カリーニは，子どものなかに広く分布する驚くべき素質を見出そうとしました。この素質は観ようとしなければみえてこないものであり，その発見とそれを伸ばすことこそが教師の喜びであるという教師たちの実践でした。

　従来，日本の家庭支援の世界では子どもたちの「深い関心事」すなわち，磁場のような事柄が看過されてきました。強い関心事が表面化するように育成されると，それは自然と高い自己肯定感につながります。家庭・家族の機能は，最もベーシックな衣食住関係の面のほかに，子どもたちの深いレベルの個性を見出し育成することにあると考えられます。

　家庭支援実践者が制度的な枠に目が行きやすいのは，さまざまな公的支援が制度として
そろっているからです。しかし，家庭支援には不可視的な面があることを見逃してはなり
ません。「才能」は不可視的であるがゆえに，家庭の中で，親または身内の人たちによっ
て見出され，育成することができます。単発的な言葉がけではなく，継続的に支援するの
です。いくつか例をあげます。

　　　この子は空間のセンスが良い

　　　この子は言葉のセンスが非常に良い

　　　この子は不思議な内容の詩を書く

　　　この子は優れた音学のセンスをもっている

　　　この子はユニークな構図の絵を描く

　　　この子は調理の才能がある

　　　この子は鉄道への関心が非常に強い

　「この子はどのような使命をもってこの世に生を受けてきたのか」と私たち大人が問え
るような社会になったら，どんなに素晴らしいことでしょう。

2）ポートフォリオ

　保育所保育指針第4章子育て支援の「1. 保育所における子育て支援に関する基本的事
項」の（1）保育所の特性を生かした子育て支援のイには，
「保育及び子育てに関する知識や技術など，保育士等の専門性や，子どもが常に存在する
環境など，保育所の特性を生かし，保護者が子どもの成長に気付き子育ての喜びを感じら
れるように努めること」
とあります。子育ての喜びを保護者と共有するための伝統的な方法として，園（クラス担任）
と家庭（保護者）を結ぶノートである連絡帳があります。新しい方法としては，ポートフ
ォリオやドキュメンテーションがあります。

　ポートフォリオに関しては，筆者は1）に挙げた描写レヴューの実践者ともつながる人
脈で，1990年代後半，当時ハーバード大学付属ペースセッター所長であったデニー・パ
ーマー・ウルフから直接，伝授を受けました。そのころは，日本の教育界で，子どもたち
の学びのプロセスを評価するための方法としてポートフォリオが注目されていました。子
ども一人ひとりの日々の学びを，教師が拾い上げて記録し，評価につなげていく実践は，

教師が学びを観とる力をつけると同時に，実は，それを保護者と共有することによって，保護者にとっては子どもの成長に気づき，喜びを感じられることが趣旨だったのです。

3）ドキュメンテーション

ウルフは，ポートフォリオの第一人者になる 20 年ほど前に，イタリアのレッジョ・エミリアにおいて，ドキュメンテーションを学んでいます。レッジョ・エミリアでは，リアルな人たちが自由に出入りし，児童間の距離，位置が重要視されます。圧迫感のない空間（仕事場）のなかでの園児の関心のもち方，作業のプロセスなど，保育士が言葉や図，イラスト，写真などで跡づけるドキュメンテーションという方法を採ります。ウルフにとって，後のポートフォリオの発想の芽は，レッジョ・エミリアでの経験にあったのです。ドキュメンテーションによって，保護者は，子どもの日々の学びのプロセスを保育士と子どもと共有することで，子どもと自分自身の成長の喜びを得るのです。

4）子どもを「守り」「育成する」家族の機能を共に学ぶために―「ブッククラブ」のすすめ

もう一つ，子どもを「育成」する視点を保護者たちがもてるように，また，前述した，impersonal な家庭ということ，「子どもを愛するとはどういうことなのか」を保護者たちが考えていくために，筆者が実践してきた，家庭支援としての「ブッククラブ」という方法を提案したいと思います。保護者会などの場を利用して，保育者と保護者が混合したグループで同じ本を読む読書会です。

なにぶん，指導者のような立場の人を置かずに完全に平等な立場で運営されるブッククラブが，何ゆえに家庭支援に資するかを疑問に思われるかもしれません。ブッククラブの本来の目的は，参加者が心のなかに窓をひとつ新設することです。家庭支援はまさに新しい窓を必要としているのです。

植草学園短期大学の 2021 年度の「子ども家庭支援論」の授業実践として，『ぐりとぐら』の作者，中川李枝子さんの著書『子どもはみんな問題児。』をヒントに，受講生に，子どもとともに絵本を読むことの大切さを保護者に伝える「園だより」を書いてもらいました。以下は，その一部です。

「（前略）スマートフォンの時間を減らし『絵本タイム』を取り入れてみるのはいかがで

しょうか。子どもと絵本との出会い――それは，お母さん，お父さんの膝の上から始まると『ぐりとぐら』の作者・中川季枝子さんは言います。『自分は愛されているんだ』という安心感があって，子どもの読書は始まります。親子でくっついて一冊の絵本を読む。これは愛着形成にも重要な『触れ合い』と『コミュニケーション』を同時に満たすことにもなるのです。絵本は子どもだけのものだと思っていませんか？『絵本タイム』は子どもにだけでなく，大人にとってもリラックスできる時間になります。そして実は，絵本は『最高の育児書』なのです。（後略）」

　子ども家庭支援の領域は深く，保護者が抱えている問題を把握するためには，みなさんの保育のプロフェッショナルとしての「観る眼」の深さ，確かさにかかっていると言っても過言ではありません。子どもとその保護者，その周辺を「よく観て，よく聴いて，よく考える」教師・指導者（謙虚で年長の人に学ぶ人）として，観る眼を常に磨くプロフェッショナルであってほしいと願います。

私の「家族」をみつめる

「一枚の写真」（私のファミリーヒストリーから「家族」を考える）

　私たちは，自分の価値観や考え方を自分が育った家庭で培ってきています。誰でも，自分を創ってきた起点は，自分の「家族」以外の場所ではないのです。「家族とは何か」を考えるために，自分が育った家族を振り返ってみましょう。

　家族と一緒に（全員でなくてもよい）写っている写真を1枚だけ選び（多くの写真のなかから他でもない，1枚と言えばこれであるというものを選ぶ），その写真が呼び起こす出来事，関係性，思いなどを自由に記述します。

第2章

子育て支援の基礎知識

1. 子どもの最善の利益の考慮

　子育て支援の本来的な目的は，第一に「子どもの最善の利益」にあります。保護者の悩みや不安に寄り添うことの原点は，子どもが健やかに育つためにあることを，保育者は常に確認することが大切です。

　「子どもの最善の利益」という考え方は，子どもの権利条約第3条の中に示されているものです。子育て支援を学ぶにあたって，「子どもの最善の利益」，また「子どもの権利」といった子どもの支援の原点となる理念について学んでおきましょう。

（1）子どもの最善の利益―子どもの福祉の原点となる理念

　保育所保育指針では，「保育所における保護者に対する支援の基本」として，第一に「子どもの最善の利益を考慮し，子どもの福祉を重視すること」を大切にしています。子どもの権利条約の第3条において，子どもの最善の利益は次のように提示されています。

第3条　子どもの最善の利益
1，児童に関するすべての措置をとるに当たっては，公的若しくは私的な社会福祉施設，裁判所，行政当局又は立法機関のいずれによって行われるものであっても，児童の最善の利益が主として考慮されるものとする。
2，締約国は，児童の父母，法定保護者又は児童について法的に責任を有する他の者の権利及び義務を考慮に入れて，児童の福祉に必要な保護及び擁護を確保することを約束し，このため，すべての適当な立法上及び行政上の措置をとる。
3，締約国は，児童の養護又は保護のための施設，役務の提供及び設備が，特に安全及び健康の分野に関し並びにこれらの職員の数及び適格性並びに適正な監督に関し権限ある当局の設定した基準に適合することを確保する。

「子どもの最善の利益」の考え方は，子どもの福祉に関する広い範囲の問題を解決するために大切にされる原則です。欧米では，離婚問題における法的対応において「子どもがどの親と暮らすのか」が常に問題となってきました。古くは「子どもは親のもち物」として考えられてきており，その後「母親優先の原則」が大切にされてきました。しかしながら「子どもの最善の利益」の考え方が採用されることにより，「子どもの福祉」の観点が最優先に考えられるようになりました。イギリスの児童法（1989年）では，こうした「子の福祉」の判断基準が示されています。その基準例は，以下のとおりです。

・子どもの年齢，性別，背景その他特徴
・子どもの確かめ得る意見と感情
・子どもの身体的，心理的，教育的および社会的ニーズ
・保護者支援のために子どもに対してとられた決定の結果，子どもを支援することとなる者（保護者や保育士等の専門職など）が，子どものニーズを満たすことのできる可能性
・保護者に対してとられた支援の結果，子どもの状況の変化が子どもに及ぼす影響

　「子どもの福祉」の観点には，子どもが望むことや子どもの思い，子どもが必要とすることを考慮することが大切にされています。さらに，保護者のみならず「保育者が子どものニーズを満たすことのできる可能性」や，支援の結果「状況の変化によって子どもに及ぼす影響」までを考慮することが求められているのです。

　これまで見てきたように，日本における子育ち・子育て環境においても離婚家庭の増加や子ども虐待の増加など，欧米と同様の状況が生じています。保育現場においても，こうした家庭や社会の問題の中にある子どもの権利を，現在のみならず未来において守るという視点をもつことが大切です。その際，「子どもの最善の利益」の理念に立ち戻って，保育や保護者支援を振り返る必要があるのです。

　それでは保育者として「子どもの最善の利益」をどのようにとらえたらよいでしょうか。子どもの育ちの原点ともなる乳幼児期に，直接子どもとかかわる大人としてとても重要な役割をもっていることは明らかでしょう。

　ここでは「子どもにかかわることについて，それにかかわる大人が関与する場合，現在や未来において子どもによりよい結果をもたらすような関与の仕方をしなければならないとする考え方」としておきます。大きな社会構造の変化の中で，「子どもの育ち」をどのように守っていくのか，日々の保育や保護者支援を通して「子どもの最善の利益」の解釈

についても，その都度検討していくことが必要となるのかもしれません。

（2）日本における「子どもの最善の利益」の位置づけ

日本では，戦後，日本国憲法の精神にしたがい，「児童憲章」（1951（昭和 26）年）が制定されました。児童憲章は，3 つの基本理念と 12 の本文から成り立っており，日本の児童福祉の理念として位置づけられています。

一方で，国際的流れの中では，「児童の権利に関する宣言」（1959（昭和 34）年）において，「児童の最善の利益について，最善の考慮が払われなければならない」と示され，子どもの福祉は最優先の考慮事項であることが提示されます。さらにこの宣言が条約化されたのが，「子どもの権利条約」（1989（平成元）年）であり，すべての子どもの権利として 4 つの権利が保障され，上記に示した子どもの最善の利益が法的に拘束力をもって，保障されなければならないことが示されたのです。

児童憲章と子どもの権利条約では，しばしばその子ども観が比較されることがあります。児童憲章では，子どもの福祉に必要な保護と擁護の保障を理念としているのに対して，子どもの権利条約では，子どもは「人」であるという前提にたち，子どもが主体的に自由や幸福を追求することができる，権利の主体者としての子ども観が大切にされています。子どもを「保護」から「主人公」へと押し上げていく子ども観と理解することができます。

子どもが大人にむけて成長・発達していくためには，大人の関与は欠かせません。大人の庇護のもとで健やかな成長・発達を保障される権利があります。一方で，子どもは自らの意志や願望をもっていて，それを主張する権利をもっています。子どもは，大人との関係において弱い立場にあるからこそ，子どもが主体的かつ意欲的に生活することを保障することが大切なのです。

子どもは，受動的権利（守られたり，擁護されること）と能動的権利（自ら行動したり，決定したりすること）のどちらも十分に保障されなければなりません。そのためには，大人は子どもの現在，そして未来において子どもによりよい結果をもたらすように関与すること，つまり「子どもの最善の利益」を保障するという考え方が大切になります。

（3）子どもの権利について

子どもの権利条約は，1989 年に国連で採択されました。第二次世界大戦後も，いまだ戦火や紛争に巻き込まれ命を失う子どもたち，貧困地域で飢えに苦しんだり，教育を受け

られない子どもたちがいます。先進国においても，複雑な社会の変化の中で，虐待をうけている子どもたちや，高い孤立感，ストレス，心の病を抱える子どもたちもいます。

　どの地域，どの時代，どの年代においても，子どもは「子ども」であると同時に「人」として権利を保障されるべき主体的な存在です。子どもの権利条約では，18歳未満を「子ども」と定義し，子どもの4つの権利が保障されること，子どもの基本的人権の尊重と確保を世界的観点から推進していくことをめざしています。日本は1994（平成6）年にこの条約に批准しました。

　子どもの権利条約では，生命権（第6条）やアイデンティティの権利（第7条，第8条），障がいのある子どもの権利（第23条），社会保障の権利（第26条），生活水準確保の権利（第27条）などの子どもの保護を必要とする規定に加えて，子どもの意見表明権（第12条），精神的自由権（第13条，第14条，第15条），人格権（第16条），出入国の権利（第10条）などの子どもの意思選択の自由や行動の自由を保障する規定の2つの側面をもって構成されています。日本では，子どもの権利の位置づけに文化的抵抗も根強くあったと言われており，その背景には「保護」なのか「選択・行動の自由」なのかという対立的な議論があります。しかし，子どもの権利には，両者とも十分に保障されることが必要なのです。子どもを保護や規制の対象とだけみて，規範を押しつけたり，自分で決めたのだからと自己責任を強調することは，子どもの権利を保障していない考え方です。だからといって，子どもの望み通りに何でも聞くことでもありません。子どもを養護しながら，子どもの声や思いに耳を傾け，子どもとともに決定したり，選択したり，試行しながら，子どもの将来の福祉が増進されるように支援することが大切なのです。

「子どもの最善の利益」を考える

① 「子どもの最善の利益」の理念についてまとめておきましょう。

② 「児童憲章」と「子どもの権利条約」について，その基本理念について調べてまとめておきましょう。

◎ 児童憲章
　児童は　_____

　児童は　_____

　児童は　_____

◎ 子どもの権利条約
　４つの権利　①　　　　　　　　　　　　　　　　　　　　　　権利

　　　　　　　②　　　　　　　　　　　　　　　　　　　　　　権利

　　　　　　　③　　　　　　　　　　　　　　　　　　　　　　権利

　　　　　　　④　　　　　　　　　　　　　　　　　　　　　　権利

③　子どもが摘んできた野花を大切そうに飾っています。いつも歯磨きするコップの中に飾っているので，清潔も心配されます。「野花はすぐかれちゃうよ」「いつも使うコップだから汚いよ」と声をかけると，子どもは納得できない顔つきです。その時の子どもの気持ちを考えてみましょう。

④　あなたの子ども時代にも，大人とのかかわり（親，先生，地域の人など）において，子どもの立場から納得できなかった場面はありませんでしたか（大切にしていたものを勝手に捨てられてしまったなど……）。思い出して話し合ってみましょう。

⑤　大人はどんなかかわりをしたら，「子どもの最善の利益」につながるのでしょうか。保育者として子どもの同意が得られないような難しい場面も想定しながら，考えてみましょう。

感染症対策と子どもの権利

　2020年1月以降，新型コロナ感染流行の影響で何度か緊急事態宣言が発出されました。子どもたちの周りでも，学校で黙食（だまって給食を食べる）の指導や，マスク着用が義務づけられたりしました。そのような中で，「保育者がマスクをしていると顔の表情が読み取れずに子どもの発達に影響が出る可能性がある」「小学校の遠足や修学旅行，入学式や卒業式などが取りやめになっている」等の課題が指摘されています。

①　子どもの発達や子どもの権利が，こうした社会的な事象で奪われてしまいそうな話題を新聞記事やネットニュースなどでいくつか探してみましょう。それらの新聞やニュースで取り上げられた子どもへの影響について，どのような場面で子どもの権利が守られていないと考えましたか。

②　次の事例を読んであなたが保育者として何ができるでしょうか。

　発達の凸凹の発見された太郎君（2歳）は感覚過敏や触覚過敏という特性があります。帽子や洋服，靴なども慣れるまで時間がかかります。コロナ禍でマスク着用もやはり難しく，お出かけは難しくなりました。かかりつけの病院でも待合室には入れず，雨の日も外で待ち，名前を呼ばれると太郎君の口元をお母さんが抑えて抱えられて診察室へ。当然太郎君は大泣きで，待合室では，周囲の人が大騒ぎする太郎君と母親を迷惑そうに見つめています。登園の際にもマスクを着けていないので，肩身が狭い思いです。

・あなたが太郎君の保育園の担任ならば，どのような支援ができるでしょうか。太郎君への日々の保育，また家族への言葉かけや相談支援について具体的に考えてみましょう。

・太郎君の子どもの権利を守るためにはどのような支援が必要でしょうか。保育園だけでなく，広く一般社会，行政の役割なども考えてみましょう。

2. 子育て・子育ちを取り巻く社会状況の理解

（1）現代の子育て・子育ちをめぐる視点

　日本の子どもの保育はいま転換期にあります。子どもを取り巻く社会が大きく変化し，それにともなって，子育てを取り巻く制度も大きく転換しており，保育に新たな視点が必要となってきたことを認識しておくことが大切です。

　まず，現代の子育てをめぐって大きな社会問題としてあげられるのが「子ども虐待」の問題です。身体的・精神的暴力や養育放棄など，子どもの命が犠牲となる事件を耳にすることが多くなっています。

　これまでは，子ども虐待の要因に「親の養育力の低下」が指摘されてきました。しかし，そこには，地域社会のつながりが希薄になることで「子育ての孤立化」が起きていることや，雇用の流動化や失業等による「家庭の経済的困難」等，子育て家庭を取り巻く社会的な要因も大きな影響を与えていることが指摘されています。また，「ひとり親家庭の増加」など，家族形態の変動も大きくなっています。子育ての責任を「親」だけに負わせていては，子ども虐待の相談件数は増加するばかりです。社会全体で子育て・子育ちをバックアップしていく視点が，いま求められているのです。

　日本において「子育て支援」という言葉が広く使用されるようになったのは，1990 年代からだといわれています。ちょうどいま，大学生になったみなさんが幼児期の頃でしょうか。日本が平成の時代を迎えた頃，「1.57 ショック」（1989（平成元）年）という言葉が，少子化という大きな社会問題を投げかけました。育児と仕事を両立するためのさまざまな支援の法律が整備されましたが，その後も，日本の少子化はますます進み，日本の合計特殊出生率は 1.26（2005（平成 17）年）まで落ち込んだのです。

　さらに，近年では，世界的なデータの比較を通して，日本の子どもの「疎外感の高さ」や，「自己肯定感の低さ」が指摘されています。世界の国々によって，子どもの発達には文化的違いはあるものの，日本の子どもたちが家庭内や地域において，人とかかわりをもったり，役割を担ったりする経験が少なくなっていることは明らかです。習い事に追われ忙しさを感じている子どもたちが増加していることや，一方で，子どもの遊びもメディアや携帯ゲームなど屋内化している状況が指摘されています。そこには，子どもの誘拐事件の増加や公園遊具の劣化による死亡事故など，子どもを取り巻く社会環境の課題に加えて，子どもが以前にはみられなかった多様なアレルギーを抱えているなど，個別化した多種多

様な配慮が必要になっている状況もあります。子ども自身が，周囲の環境や地域社会と自由に，そして安心してかかわり合うには，現実的な問題が複雑に絡み合っていることを理解しなくてはならないのです。

　だからこそ，いまの日本では，より一層，子どもの育ちを見つめ，子育てを応援する社会を築いていくことが求められています。そして，子どもの育ちや子育ての専門的知識をもつ保育士に大きな役割が期待されているのです。保育士には，子育てを応援すること，また子育て・子育ちしやすい社会を築いていくための知識と技術，ノウハウを保護者に，そして地域社会に提供することが求められるようになっているのです。

（2）絵本『ちいさいおうち』からみえること

　現代の子育て・子育ちを取り巻く環境の変化について，1994 年 12 月に文部，厚生，労働，建設各省が今後 10 年間における子育て支援のための基本的方向と施策を盛り込んだ今後の子育てのための施策の基本的方向について明らかにし，これにともなう計画をエンゼルプランとして示してからすでに久しく，最新の話題ではなくなっています。しかし，核家族化，晩婚化・未婚率の上昇，女性就労の一般化と多様な就労形態，出生率の低下からの少子化，離婚の増加，子育てと就労の両立困難，子育て不安の増加等の影響にともなって，減らない養護児童，体罰・虐待の被害，直接体験の希薄化，遊びの縮小化，希薄化をもたらしたことが，改善され解消されたわけではありません。子どもたちの生活環境の悪化は，生活リズムの乱れ，人間関係の希薄化，不登校・いじめの顕在化，子育てにまつわる子どもに対する虐待等，新聞やニュースで取り上げられる内容はより深刻になっている現状です。

　この現代社会の状況を，絵本『ちいさいおうち』（作・絵：バージニア・リー・バートン　訳：石井桃子）がイメージし，表現しています。そのお話のあらましは，次のとおりです。「むかしむかし，静かな田舎に，きれいで丈夫なちいさいおうちがありました。ちいさいおうちはのどかな田舎で移り行く季節を楽しんでいました。ちいさいおうちは遠くの街の明かりを見て「まちにすんだら，どんなきもちがするものだろう」と思いました。ある日，馬の引っぱっていない車（自動車）が現れました。それからトラックだのローラー車だのがやってきて，ちいさいおうちのまわりはすっかり街になってしまいました。どんどん開発が進み，両側に高層ビルが建ち……。それでもちいさいおうちはボロボロになってそこにありました。ところがある春の朝にちいさいおうちの前を通りかかった子どもを連れた女

の人が，ちいさいおうちを救います」。この絵本は，ちいさいおうちを取り巻く環境の変化によって時間の流れを目でみることができます。昔は子どもたちも，ちいさいおうちの周りの自然の中でたくさん遊んでいました。子どもたちが魚釣りや雪遊びを楽しむ姿が見られました。やがてちいさなおうちがあこがれた「まち」になったとき，大人たちは昼も夜も働き「まち」は，夜も明るくなりました。外では子どもたちの遊ぶ場所もなく姿は見られなくなりました。私はこの絵本を読むと現代社会を象徴していると思います。しかもこの『ちいさいおうち』は，1942年にアメリカ合衆国で出版され，現在でも親しまれているロングセラー絵本です。すでに70年以上前に現代を予言し，子どもの子育ち・子育て環境を危惧していたということになります。

　子育て・子育ち環境の変化を背景に，福祉に対する考え方は，大きく変わることが求められるようになったのは当然のことでしょう。1997年6月の「児童福祉法」の改定によって，児童福祉施設の利用者は，経済的困窮にある層の家庭の援助である生活保護的な福祉サービスから，子育て家庭の要望に合わせ，「保育に欠ける子ども」から「保育を必要な子ども」のすべてへと，子育て家庭を対象としたものになりました。そして，乳児保育や障害児保育に期待が掛けられるようになりました。現代が，絵本『ちいさいおうち』に表現されたような「まち」になってしまったとしたら，その子どもたちが自分たちの世界を自分たちで作ることができないのだとしたら，保育所，幼稚園，子ども園を中心に子どもの世界を保障してあげることが必要です。保育者の仕事の対象は子どもであり，仕事の内容は子どもの保育や教育を行うことです。これはどのような状況や時代であっても，その理念は変わらないものであると思います。しかし，現代社会は，子育て・子育ち環境の急激な変化によって保育ニーズが多様化してきました。このことによって現代の保育者は，子育て家庭やその親たちが抱える問題の対応に大きな役割を担うこととなりました。子育てサービスの内容も「子どもの発達のサポート」のみならず「母親の育児や，それにともなう悩みのサポート」等，子育てに対する多様な保育ニーズの社会的支援が積極的に改革され，「保育サービス」を受ける人が受けやすいサービス内容へと整備され，保育は社会制度として取り組むという社会化が進行している状況となりました。その際の課題は，親のニーズであっても，常に子どもを中心とした保育サービスであることとしてとらえ，それに基づいて整備されていることを常に確認していくことと考えます。

子育て支援 ワーク**❻**

社会環境と過程の変化の理解

　絵本『ちいさいおうち』を読んでみましょう。この絵本は，さまざまな時代の変化をめぐって，現代を予測していたといえるお話です。

①　絵本を読んで感じたことを話し合ってみましょう。

　また，あなた自身は，どのような時代に生まれ，幼児期を過ごし育ちましたか。幼い頃から現在まで，あなたが育ってきた時代や社会について思いを巡らしてみましょう。幼い頃の出来事で残っている思い出について，また，失われてしまったものや変化してしまった社会について話し合ってみましょう。

②　話し合ってわかったこと，感想を記述しておきましょう。

（3）子どもの育ちを見つめる視点

　子育て相談の場で，「いくつ（年齢）になったら何ができるのか」。また「それが早くできるためには親が何をしたらいいのか」という質問が多くあります。子どもの育ちが「目安に沿った育ち」になっているかどうかばかりを気にしていく傾向を強く感じさせられるのです。また，「うちの子はお友だちとちょっとちがう」「なぜうちの子だけできないのか」と，子どもの育ちや発達の遅れに敏感に反応する保護者が増えています。

1）子どもの育ちに敏感な保護者たち

　ある子育て講座で乳児の保護者からこのような質問を受けました。

　「友人からカラフルな色づかいの洋服やおもちゃを頂いています。その友人によれば乳幼児期から色の刺激が大切とのこと。どれも有名な欧米のメーカーのもののようです。子どもの成長に必要ならば仕方がないと思っているのですが，私はこうした色づかいのものは好きではないのです。色の刺激は本当に子どもの成長に必要なのですか？」

　たしかに子どもの心の育ちには刺激は大切なものでしょう。しかし，洋服やおもちゃで意図的に色の刺激を与えなくても，子どもの周辺には，子どもの育ちを促すさまざまな刺激にあふれています。何よりも大切にしたいのが，「保護者はあまり好きではない」ということです。乳児の一番身近な存在である保護者が抱いている思いが，お子さんにとっては一番大切です。そうしたことを改めて伝えること，これはあたりまえのことのようですが，いま求められる保育者の視点です。洋服やおもちゃなど「子どもの育ちによい」と商品化されたモノ・情報にあふれる社会の中で，子どもの育ちにおいて保護者が何を大切にしたいのか，保護者の思いが子どもの思いや子どもの育ちを飛び越えてしまっていないか，いま子どもの育ちにおいて何を大切にしたいのか，そうした視点を保育の専門性を通して伝えていくことが大切になってきているのです。

2）発達の遅れやうまく集団とかかわれないことへの心配

　いま「気になる子」として，特別な教育的支援を必要とする子どもへの関心が高まっています。文部科学省の調査（2002, 2012 年の調査より）では，LD（学習障害）や ADHD（注意欠陥多動性障害），アスペルガー症候群等の特別な教育的支援を必要としている子どもが通常学級に 6％ ほどいるととらえています。また，「小 1 プロブレム」という問題も注目されています。小学校に入学したばかりの子どもが，授業中に座っていられなかったり，集

団行動がとれなかったりといった状態が続いてしまうことをいうそうです。その要因は，カリキュラムの目的が「遊び」から「学び」にかわるギャップの大きさにあるという指摘もあるようです。

　こうした現象は小学生になってからの問題なのでしょうか。あるいくつかの幼稚園で保護者を対象にアンケート調査を行ったところ，「子どもの育ち」について，「障がいがある」「発達に気になる点がある」の他に，「子どもが集団で過ごす中で気になる点がある」という回答が，いくつかの園で，ある一定数（およそ15%）あることがわかりました。障害や発達の遅れを心配するというより，「子どもが周囲の子どもたちとうまくやっていけないのではないか」という不安を抱く保護者が一定数存在しているのです。子どもの育ちを喜ぶべき乳幼児期に，「うまく育ってくれるだろうか」「遅れがあるのではないか」「何をしたら子どもの能力が伸びるのか」と，子どもの育ちや発達の遅れに敏感に反応する保護者が増えているのです。

3）子どもの発達・育ちの過程

　子どもの育ちの過程をとらえるにあたって，個人差はあるものの，多くの子どもに共通してみられる身体的・精神的な成長・発達の質的な変化・ながれを示してくれるのが発達段階です。「おおむね何歳までにこんな特徴の育ちがみられる」といった示し方で，わかりやすく子どもの成長・発達をとらえることができます。

　子どもの育ちは，身長や体重と同じように量的に伸びるというよりも，子どもの周囲の人や環境とのかかわりあいを通して，感じたり，考えたり，ときにうまくいかないことや，失敗するような体験もしながら，質的に変化していくのが特徴です。また，そこには知的な発達や子ども一人ひとりの個性も影響します。子どもの育ちを「縦」「横」の育ちととらえることもあります。階段を上っていくような段階的な「縦」の育ちに加えて，子ども自身の力や子どもを取り巻く諸条件に影響されながら「横」の育ちが見られていく，つまり「縦」にも「横」にも広がりながら子ども一人ひとりの個性ある人格的な基礎がめばえていくと考えるとよいでしょう。

4）保護者に伝えてほしい「子どもの心の育ち」

　こうした子どもの発達・育ちの過程は，保護者が子どもにどのような養育環境を整える

かを考えるためにも役立ちます。一方で，年齢に応じた段階的な育ちのとらえ方が，子どもの育ちを「能力面の階段上り」のようにとらえられがちなのも事実です。

　乳幼児期は子どもの人格形成の基盤を形成する時期でもありますが，乳幼児期の大人とのかかわり方が，その子の一生を左右してしまうというような子育て観に振り回されてしまう保護者も多くいます。またこうした子育て観が，保護者のみならず，子どもを育てる保育や教育現場にも強く影響を与えているといわれています。

　しかし，発達段階はおおむねの育ちの目安であること，近年の乳幼児研究では「非認知能力」への注目など，試行錯誤する経験の重要性が指摘されるようになりました。子どもの発達は「階段をのぼっていく」ものから，「山あり谷あり」ととらえなおすことが大切です。また，子どもの育ちには「発達の凸凹」があるという見方で，おおらかに見守っていくことも大切です。

　こうした現代の子育て観は，子育て・子育ちを取り巻く多くのモノ・情報に囲まれているからこそ生じています。保育者は，子どもの育ちに関する保護者の悩みや不安に寄り添いながらも，「何ができて何ができないか」という視点ではなく，「子どもの細やかな心の動きや思い」に寄り添いながら，その質的な変化をとらえること，また，そうした子どもの育ちを適切に保護者に伝えていくことが大切です。「理想とされる成長・発達をしていくこと」を子どもたちに求めるのではなく，「子どもたちが人とかかわりあいながら模索する姿や，いま目の前の課題に自分なりの方法で解決しようと試みる姿」を伝えていきましょう。保護者や保育者のこうした思いは，自ら育とうとする子どもの自身の力に何よりも大きな助けになるのです。

子育て支援　ワーク❼

発達観の転換・子どもの育ちに寄り添う

① 子どもの立場にたって考えてみましょう。「理想とされる成長・発達」ばかりを大人に求められたとき，どんな思いになるでしょう。「子どもの思い」を言葉にしてみましょう。複雑な子どもの思いは，学生のみなさんが一番わかるのではないでしょうか。

　以下の事例は保育所の3歳児クラスの様子です。3歳児は保育する側も苦戦することの多い年齢です。子どもの心の育ちに寄り添いながら，あなたならばどのような保護者支援を考えますか。

② 保育園の運動会，タカシくんはみんなと一緒にお遊戯をしないで座っています。「どうしても踊るのは恥ずかしい」といって，練習にもなかなか参加できませんでした。運動会でみんなが踊る中，一人座っているタカシくんの様子を保護者が心配そうに見つめています。それでも「かけっこ」には参加していました。「どうしてウチの子は踊れないのでしょうか。何か問題があるのかしら」とお帰りの時に心配する保護者の思いが語られました。あなたならどのように答えますか。

③ 3歳児から登園することになったサキちゃんです。登園して3か月になりますが，朝，お母さんから離れることができず，お母さんが行こうとすると足にしがみついて泣いている日々が続いています。お母さんも仕事を調整してくれていますが，そろそろ限界がきている様子で，しかりつける様子も見られます。保育者として，子どもの気持ち・保護者の気持ちに寄り添いながらどんな支援ができるでしょうか。

④ 言葉の育ちが遅れているユウくんです。母親はお友だちとたくさん触れ合ってほしいと考えています。クラスではちょうどコミュニケーションが活発になってきた時期，ユウくんはお友だちに話しかけることができないため，いつも一人遊びが多くなってしまうことを保護者は心配しています。保育者として，子どもの心の育ちや保護者の気持ちに寄り添いながらどんな支援ができるでしょうか。

3. 子ども・保護者の力をエンパワメントする

エンパワメントとは，「元気にすること，力を引き出すこと」であり，ソーシャルワークでは「個人や集団が自分の人生の主人公となれるように力をつけて，自分自身の生活や環境をよりコントロールできるようにしていくこと」を言います。

（1）子育て支援におけるエンパワメント・アプローチ

たとえば，子育ての中で子どもの育ちに不安を感じていたり，子どもとのかかわりにぎこちなさを感じている保護者がいます。その時は，保護者自身がもっている「親である力」に気づき，「親としての自信」をもてるように，保護者とかかわっていく相談支援が必要です。はじめは保護者の話を受け入れながら，保護者と子どもとの関係が改善されることをめざして支援をしていきます。「親である力」に気づき始めたとき，保護者同士で悩みや子育て観を共有できるような，他の保護者とのつながりを支えていくという支援も考えられます。

また，このように支援してもどうしても子どもと保護者の関係が改善されないこともしばしばです。もしかしたら，保護者の抱える問題が子育てにあるのではなく，家族や仕事などほかに問題を抱えているのかもしれません。その時は，保護者の話を受け入れながら，保育時間を延長するなど，保育を通して保護者自身が問題解決に向かえるような時間や余裕をつくること，問題解決ができた時，より一層の親としての自信をもって子どもと関係がもてるように支援することが大切です。

エンパワメント・アプローチは，子どもや保護者のエンパワメントをめざしたソーシャルワークであり，個人的なエンパワメントの次元から，社会的なエンパワメントの次元まで広がりをもって以下のように展開されるとされています。

エンパワメント・アプローチの展開過程

個人の次元	対人関係の次元	環境・組織の次元	社会・政治の次元
自己信頼	相互支援	権利の発見と主張	社会への働きかけ
対象者が自分自身と向き合い，自分が価値ある信頼できる存在であることを感じられるような支援を目指す	対象者が同じような問題を抱えた人々との出会いや語らいにより仲間意識がもてるように働きかける	対象者が自分の環境を見渡し，自分と組織や地域との関係を考え，そこで侵害されてきた自分の権利に気づき主張する	対象者が市民の意識を喚起し，政治，法律，社会制度，政策にまで低減したり，新たに社会資源を作り出す活動への参加を通して，力を強化していくことを目指す

出典：川村隆彦『事例と演習を通して学ぶソーシャルワーク』中央法規出版，2003 年より作成

　エンパワメント・アプローチは，対象とする人がどのような状態にあるかによって４つのステージに分けられています。とくに保育相談支援において注目したいのが，最初のステージ，自己信頼を取り戻す場面です。人が否定的な環境に取り巻かれると，問題に対処できなくなり，本来，もっているはずの力が奪われ，無力状態（パワーレス）に陥っています。こうした地点から，受容，傾聴，共感などのカウンセリングの基本的な技法を駆使しながら，まず自分自身を信頼できるようになることや，自分が受け入れられ信頼されていることを感じることができるようになることをめざします。こうした「基本的信頼感」こそ，親としての自信の源となるのです。

　子育て支援では，保護者だけでなく，子どもの力もともに高めていくことが求められます。保育所では，虐待や障がい，ひとり親家庭などさまざまな背景から特別な支援や配慮を必要とする子どもや保護者がいます。子ども自身が現在起きている状況を理解できないことで混乱してしまったり，言葉や心を閉ざしてしまうこともあるのです。子どもが出すサインを受けとめながら，日々の保育を通して子ども自身の力を支えていくことが大切です。さらに，子どもと保護者の関係を支援し，保護者の思いや悩みを受けとめる支援が展開されることもありますし，担当者だけでなく園の職員全体で見守っていく支援が展開されることもあります。さらに一層の対応が必要な場合には，さまざまな専門分野の関係機関と連携を図っていくことが求められます。

　エンパワメント・アプローチにおいても，まず考慮しなければならないのは「子どもの最善の利益」です。時に，相談支援の場面で，「どうして保育者なのに，ここまでお母さんの話を聞いてあげなくてはならないの」と感じることもあるかもしれません。保護者支援であっても，それが「子どもの最善の利益」のためであることを考慮しましょう。さらに，その保護者支援が子ども不在の支援ではないかを見極めることも必要です。そのために大切になるのが「親と子のパートナーシップ」という考え方です。子育ては，親から子への一方的なかかわりではなく，子どもとともに過ごす中で，親もともに学びながら，時に子どもの力も借りながら，お互いに成長していく営みであることを伝えていきましょう。この考え方は，保育者にとっても，日々の保育を振りかえる上で大切になるのではないでしょうか。

　いま「子育ての孤立化」が指摘されています。その中で，親と子，それを取り巻く人間関係も多様化しています。「親と子がこうした関係であるべき」といった考え方から，「それぞれの親と子の関係性を築いていく」という視点，つまり親と子がともにエンパワメン

トしていく関係性を追求し，支援していくという考え方が大切になるのです。

（2）子育てを生き生きとしていくための支援の実際

　すでに保育現場（保育所，幼稚園，子ども園）を利用している親たち世代が電子ゲーム世代となり，野原で駆けまわるとまではいかなくとも屋外で子ども同士で遊んだ経験が乏しくなっているのが現状です。親世代が体験的経験が乏しく人との関係に距離をおいているので，そこからはトラブル以前の課題が見えてきます。それは，親が自分自身の育ちに自信がなかったり，人間関係の距離の取り方がわからない等に起因していることにあります。

〈事例1　子育てに自信がない親〉
　K幼稚園の実践研究会で報告されたことです。子どもたちに絵本の読み聞かせを奨励しているK幼稚園で「お家でも絵本を子どもに読んで上げてください」との呼びかけに，母親のAさんが「絵本の教育的効果がわからないので，効果をデーターで示して欲しい」と言ってきたということです。最初それを聞いた若い担任は，そのAさんの申し出に戸惑い構えた対応になってしまったそうです。そこで保育歴50年になるベテラン先生がAさんの話をよく聞くことにしました。話を聞くうちに「自分は親に絵本を読んでもらったことがないので，どんな絵本を選んで読んであげていいのかわからない」と，心の内を打ち明けていったそうです。問題と思われていたことは，「絵本の効果を科学的に証明する」ことではなく，「Aさん自身の心情を理解してもらいたい」「絵本を選べない理由を理解してもらいたい」という，親自身の心情にあったということに思いが至ったと報告がありました。そこでこの幼稚園では，ベテランの先生が子どもに絵本を読み聞かせるのと同じように，親たちにも絵本の読み聞かせを行い，絵本の楽しさやすばらしさを体験してもらっています。一人の親の不安を受けとめ理解することが，今のすべての親の理解と支援の手がかりになることに私自身が思い至りました。

〈事例2　赤ちゃん返り〉
　私は地域の子育て支援講座の講師をしています。現代の母親は年長者や経験者に意見をされることを極端にいやがる傾向にあると講師をしながら感じています。わからないことがあれば，インターネットで何でも検索できるので，人間関係の中や経験の中で解決することが少ないからだと考えます。そのような母親集団を「ママたち」と，名づけました。ママたちを否定しているのではなく，年長者の私がいかにコミュニケーションをとってアドバイスをしていくのか，その方法を探ることが必要と考えているからです。乳幼児をもつママたちを対象に「手作り絵本」講座の講師を務めたときのことです。2時間を5回から6回連続して行うのが通常です。「絵本を作りながら子育てについて考える」という内容で展開します。絵本の題材は自由ですが，「自分の子ども」のことを取り上げるママたちがほとんどです。絵本作りをすることで，作りながら自分の思いを表現し，振り返りが行われていきます。完成した絵本作品をみんなの前で読むことで自分の思いを人に伝え，受容されることが期待されます。さらに，講師の私の意図として，受講者であるママたちに井戸端会議を促していきます。会話を自然と引き出し，「ママたち同士の仲間作り」を行うことが背景にあります。ある時，絵本を作りながらママたちの会話の中で「あかちゃんが生まれ3歳になる上の子が

あかちゃん返りをして大変」ということをEさんが話し始めました。「あかちゃんの面倒で大変なのに，さらに上の子にも手がかかる」となれば，周りの先輩ママからも，「どのような状況でどのようにやり過ごしたか」という経験談をこぞって話し始めました。井戸端会議ですから，その話題に参加してもしなくとも自由で伸びやかな会話が展開されていきました。この場では講師の私は，「上から目線」的な発言とならないよう，またそのように受け取られないよう極力「聞き役」に徹します。いつも講座の終盤には，参加者の関心に合わせて絵本を読むことにしています。この回は，絵本『ちょっとだけ』（作：瀧村有子　絵：鈴木永子）を読みました。

　お話のあらましは，次のとおりです。「なっちゃんのおうちに，あかちゃんがやってきたのです。ママのスカートを『ちょっとだけ』つまんで，牛乳をコップにひとりで『ちょっとだけ』入れられて，ひとりで遊んだブランコだって『ちょっとだけ』ゆれて……。なっちゃんは，ちょっとずつちょっとずつ頑張って『おねえちゃん』になっているようです。でもね，ちょっとだけ寂しくなって，ちょっとだけママに甘えたくなるのも事実です。愛情たっぷりにママに受け入れられて……。」というお話に，「赤ちゃん返り」の井戸端会議をしていたEさんや何人かのママたちの目に涙が浮かびました。「健気ななっちゃん。大きな優しさで包み込むママ。そしてママに受け入れられて初めて本物のおねえちゃんになったなっちゃんは，本当にあかちゃんをかわいがることができるようになる」ことをママたちは感じてくれました。その後の感想でEさんは「自分が親に受け入れられなかったつらい思い」を私に話してくれました。その思いを手作り絵本に表現したEさんのお話は，絵本発表会でみんなに拍手をもらい，受け入れられていました。講師の私が，参加者のママたちに余計なことを言わなくとも，大切なことが伝わったという思いに至りました。

　保育の場でも，保育者が母親代わりをすべて請け負うのでなく，子どもの思いをそっと母親に伝え，親の「気づき」を促すことも子育て支援と考えます。

子育ての孤立化・子育てに自信がない親

　前掲の〈事例1〉〈事例2〉を読んでみましょう。
　保育者は，保護者のどのような思いを理解し，その思いを支えて，援助することが必要なのでしょうか。考えてみましょう。

① 〈事例1〉の保護者の思いはどのようなものですか？

② 〈事例1〉の保護者の思いを支えて援助するときにかける言葉を考えてみましょう。

③ 〈事例2〉の保護者の思いはどのようなものでしょうか？

④ 〈事例2〉の保護者の思いを支え，援助するときにかける言葉を考えてみましょう。

4．保護者と信頼関係を築く

（1）バイステックの7原則

　保護者支援において一番大切なことが，保護者との信頼関係を築くことです。悩みや不安を抱えている保護者の思いに寄り添い，その思いを受けとめるために理解しておきたいのが，ソーシャルワークの原則です。バイステック（Biestek, F. P.）は，援助する側と援助をうける側の間の「信頼関係」を構築するための7つの原則を以下のように示しています。

バイステックの7原則

① 個別化の原則

　人間は，特定の人格を持つかけがえのない個人として尊重されなければならない。

② 意図的な感情表出の原則

　利用者が自己の肯定的感情や否定的感情を自由に気兼ねなく表出できるように意図的にかかわる。

③ 統制された情緒関与の原則

　援助者は自分の感情を自覚して吟味して，かかわる。

④ 受容の原則

　あるがままに全人的に受け入れる。また価値ある人間として受けとめる。

⑤ 非審判的態度の原則

　援助者は，道徳的観念や自分自身の価値観から利用者を一方的に非難しない。

⑥ 自己決定の原則

　人は自己決定をすることについて生まれながらの能力を持っている存在であり，自主的な行為者として，自己決定を促し，尊重する。

⑦ 秘密保持の原則

　打ち明けられる利用者の秘密を要する情報は第三者にもらしてはならない。

1）個別化の原則

　保護者支援では，保育者は「一人の個人としてあなたを尊重している」ことを常に意識することが大切です。

　保護者の相談を受ける中で，他のお子さんの話題を出した途端ふさぎ込んでしまうことがあります。子どもの育ちに不安を抱えている保護者は「なぜうちの子だけできないのか」といった思いを抱いていることが多くあります。「他の人と比べられたくない」「私の育て

方が悪いの？」という気持ちに苛まれてしまうことにつながってしまうのです。保護者の悩みは個別のものであることを意識することは相談支援にはとても大切です。

2) 意図的な感情表出の原則

　保護者は相談支援において否定的感情を自由に表現したいというニーズをもっていることを認識することが大切です。

　悩みや問題を抱えている保護者は，不満や怒りや悲しみなど言葉にならないさまざまなネガティブな感情を抱えていることも多くあります。保護者自身が自分の感情と向き合えるようにするためには，無条件に関心を向け，傾聴する姿勢が大切になります。また，コミュニケーション技法を用いることも有効です。「相手の感情を繰り返して言うこと」（繰り返し）や，「相手の感情に共感すること」（支持）などの技法を用いながら，保護者の抑圧された感情を言語化することを援助します。

3) 統制された情緒関与の原則

　保育者は，保護者の表出する感情を傾聴する中で，その感情的な行動や否定的な言葉に対して，「理解できない」と反射的に拒否してしまうことがあります。保育者は，そうした自分の感情を自覚しながら，吟味して保護者に向き合うことが求められるのです。

　保護者の表出する言葉をストレートに受けとめて拒否するのではなく，自分の感情をコントロールしながら，その言葉の裏にある保護者の思いに応えることが大切です。感情的な行動や否定的な言葉の裏には，多くは「つらい」という感情や，大きなストレスがかかっていることが多いのです。そうした思いに適切に応えていくことが大切なのです。

4) 受容の原則

　悩みや不安を抱えている場合，相手が自分を受け容れてくれる存在なのかどうかは大切な判断基準です。保育者は，保護者を価値ある人間として受けとめることが大切です。

　保育者自身が，受け容れてくれる存在にならなければ，保護者も保育者の支援を受け容れてはくれないのです。受容の原則は，他の原則とも絡み合いながら，常に保育者が示さなくてはならない態度なのです。

5) 非審判的態度の原則

　保護者の相談を受ける中で，保育者にも考えや思いが生まれてきます。保護者にその思いを伝えるにあたって，まずは保護者の思いを一方的に非難したり，反論したりしない態度が大切です。

　相談を通して，保護者は，時間をかけながらも「何が問題なのか」ということに気がついている場合も多いのです。保育者が保護者の気持ちに共感し，受けとめてくれること，また非難しない態度をとることで，保育者の思いが自然に伝わり，保護者が自ら問題に向き合い，考えを修正していくことにつながるのです。

6) 自己決定の原則

　相談を受ける中で心がけなければならないのは，保護者自身が選択したり，決定したりすることを大切にすることです。他の誰でもなく自分自身で決めることが一番納得のいく解決策なのです。

　保育者は，悩みや問題を抱えた保護者においても，保護者自身が選択したり，決定したりする力があることを信じることが大切です。また，保護者との対話の中で，保護者自身がどうしたいのか，いま何が問題になっているのかなど，問題を明確化していく技術も必要です。バイステックは「人は，自己決定を行うクライエントが利用することのできる適切な資源を地域社会や彼自身の中に発見して活用するよう援助する責務」を指摘しています。保育者は，保護者の力を信じることを基本としながら，専門家としての知識（社会的な資源や情報など）を提供しながら，一緒に考える姿勢が求められるのです。

7) 秘密保持の原則

　秘密保持は相談支援の基本です。バイステックは「秘密保持はクライエントの基本的権利」であり，「秘密を保持する義務はこれらすべての専門家を拘束するものである」と指摘しています。

　現代の社会はスマートフォンなどが発達し，実際に顔をあわせなくても，他人と社会的関係が結べる時代になりました。しかし，個人的に自由に情報発信することが許されても，保育者や相談員など，デリケートな個人情報を扱う仕事を担う人は，自分の情報発信に，個人情報が含まれていないかを肝に銘じて扱わねばなりません。秘密保持は，保育士という専門職としての信頼を保持するために大切な倫理観なのです。

事例からバイステックの 7 原則を理解する

　以下は発達の遅れがあるアキトくんの事例です。下線部の保護者支援の対応について，バイステックの 7 原則が関係するのか，さらに，対応のよい部分，またはよくない部分について考えてみましょう。

　アキトくん（3 歳）は，言葉の育ちの遅れがみられ，保育園では療育相談と連携しながら育ちを見守ってきた。ある日のお迎えの時間，園長が玄関であいさつをしていると，母親から「ちがう園に転園させてください」と申し出があった。①まず，母親の話をしっかりと聞きたいと思い，アキトくんの一時保育を依頼して，母親を相談室へ案内した。

　園長と主任保育士の二人で話を聞いた。アキトくんの母親は「ひどいです。うちの子だけ，いつも置いてけぼりです。担任保育士はアキトに発達の遅れがあるから差別している」という。②まず，母親の話をしっかりと聞いて，その思いを受けとめた。こうした姿勢に，母親の高ぶった気持ちが次第に落ち着いてきた。

　先日行われた保育参観の外遊びの際に，集団で遊具であそぶ子どもたちに担任保育士がついていたが，一人で砂場で遊んでいるアキトくんは置いてけぼりの状態であったようである。その後，教室に戻る様子でも，最後のひとりになっていた。③日々の保育においても，連絡帳でお願いしても，ひとりだけおむつ対応でトイレに座らせてもらえないなどの不満がある様子であった。自宅では排せつは自立していておむつは使用していないようである。担任保育士に参観時の様子を確認すると，遊具の危険の見守りをしなくてはならなかったこと，アキトくんのペースで楽しんで遊んでいる砂遊びに，2 歳児クラスの子どもたちや担任もいたため，連携して見守りをお願いしていたとのことであった。日々の保育では，アキトくんがトイレに座ることを嫌がるので無理やりではなく，育ちや信頼してもらえるペースをつくっていく中で次第に対応したいと考えていたが，こうした保育者の思いは保護者に伝わっていなかったようである。④主任保育士は，お互いの思いが伝わっていないことを理解しながらも，まず「お母さんをとても不安にさせてしまい，申し訳ありませんでした」と伝えた。

　担任保育士は，アキトくんの育ちのペースを考慮しての対応であったが，⑤アキトくんの発達の遅れについては主任保育士が中心になって保護者の相談に対応していたため，保護者の気持ちが十分に担任保育士にまで伝わっておらず，「置いてけぼりになっている」と捉えてしまい，さらに「差別されている」という気持ちにつながってしまった。保育園では，保護者の自己決定や話し合いの大切さについて改めて確認した。発達の遅れへの対応については，担任保育士との日々の連絡帳等のやりとりでは不十分な部分について，丁寧に主任保育士から説明する対応をとることにした。また担任保育士も，保護者対応に不安なときには，積極的に主任保育士に相談してほしいと伝えた。⑥さらに，アキトくんの育ちのペースや気持ちを十分に考慮しながら，みんなで育ちを見守っていきたいことを両親に伝え，そこから個別支援計画を作成する話し合いを始めることになった。

設問 1　下線部①の対応は，バイステックの 7 原則のどの原則が関係していますか？

設問 2　下線部②の対応は，バイステックの 7 原則のどの原則が関係していますか？

設問 3　下線部③の対応は，バイステックの 7 原則のどの原則が関係していますか？

設問 4　下線部④の対応は，バイステックの 7 原則のどの原則が関係していますか？

設問 5　下線部①〜④の対応について，事例の対応について，「よい対応」ならば，よくないにはどんな対応があるのか，「よくない対応」ならば，どんな対応をすべきだったかについて具体的に考えてみましょう。

設問 6　下線部⑤〜⑥は保護者との信頼関係（ラポール）の形成にかかわる部分です。保護者との信頼関係の危機から，子ども自身の発達をより丁寧に見ていく体制へと転換されていることがわかります。バイステックの 7 原則が，保護者との信頼関係をつくる技術としてどのように役立っているのか，あなたが理解したことをまとめておきましょう。

（2）信頼関係（ラポール）の形成

バイステックの7原則は，相談者援助の基本であり，そこに「信頼関係（ラポール）の形成」という目的があります。

あるいくつかの幼稚園で実施した調査では，保護者は保育者の専門的知識より，園の教育方針よりも，「保育者が信頼できること」を高く評価すると示されています。相談援助の場面にはさまざまな現場がありますが，とくに保育における相談援助は，朝やお帰りの時間の保護者との日常のやりとりの中で起こることも多くあります。

専門的な技術の前に，「いっしょにお子さんを見守りましょう」という，「共にある」という態度は，技術以上に毎日の子どもの育ちに対する悩みや問題に応じる特効薬であることを最後に記しておきたいと思います。

〈事例3　大きな声で叱るお母さんへの言葉かけ（子育て支援センターで）〉

　Oさんは男の子を預けに来る時から大きな声で「ダメよ！」「走らない‼」「ここではボールをなげないの‼」等。

　ベテラン保育士Sさんは「Oさん否定語が多いですね」と静かに落ち着いた声でOさんに伝えました。Oさんは次の週センターに来た時「1週間否定語を使わないようにしていました。そしたらこんなに静かになったんです。」とSさんに報告しました。日頃からS支援員を信頼していたOさんはSさんの何気ない声掛けを実践したのでした。

〈事例4　子どもへの応答に応じられないお母さん（子育て支援センターの事例）〉

　2歳児のしおりちゃん。いつも突然泣き出します。

　今日も一生懸命，おままごとセットでお料理をしている最中に大声で泣き出しました。

　ベテランのW保育士はお母さんに「しおりちゃんはお母さんに見てほしいんだよね」といいました。事あるごとにW保育士はしおりちゃんの代弁をするように，「ほらこんなにおいしくお料理ができたよ！お母さん」「お母さんと一緒につくりたいなあ」などと独り言のようにいいながらしおりちゃんとお母さんのコミュニケーションをつないで橋渡ししています。

　一方，お母さんはここでは，話し相手になってくれる子育て支援員のZさんと話したそうです。

　ベテランW保育士のことを大好きなしおりちゃん。話をいつも一生懸命聴いてくれるZ支援員。お母さんはW保育士とZ支援員の顔を見るとホッとすると感じています。

（3）「苦情」は「問題提起」ととらえる

苦情は誰もが受けたくないもの，避けたいものです。しかしながら，保育という対人援助の営みのなかでは，人々の価値観が交錯しあう現場であり，苦情はつきものなのです。

保護者等からの苦情にはさまざまなものがあります。保護者からの言葉にショックをうけてしまいその場で謝罪して個別の問題として対応を終わらせてしまうことや，逆に苦情の多い保護者として保育者間で意識してしまい，保護者対応や日々の保育に影響を与えてしまうことがあるのです。

保護者の苦情がどのような内容なのかをまずは冷静に分析してみましょう。保護者からの苦情は大きくとらえて次の３つのパターンがあると考えられます。

保護者からの苦情のパターン
① 保護者自身の感じ方や考え方に偏りがあったり，思い過ごしであったりするケース
② 保育士が懸命に支援したつもりが，内容や言葉によって保護者の不満につながってしまうケース
③ 家族状況の変化など，生活背景に課題がある場合

まずは，保護者が何を不快に思ったのか・感じたのかを受けとめることが大切になります。こちらが保護者からの意見をよく聴こうとする姿勢がある場合，思い過ごしの場合などは，すぐに解決するケースが多く，またこれがきっかけとなり，保護者との子育ての連携が深まることもあります。

保育所保育指針解説では，「苦情解決とは保護者等からの問題提起であり，個別の問題として対応するだけでなく，それを通じて，保育の内容を継続的に見直し，改善し，保育の質の向上を図っていくための材料として捉えることが重要である」（p.29，１2-4引用）と示されています。

上記にあるように，「苦情」は「改善」のもとになる指摘でもあるのです。苦情をうけた内容について，なんとか解決しようという思いから，こちらの意図を説明しすぎてしまうことがかえって言い訳のように受けとめられてしまうこともあります。また，簡単に謝罪して個別の問題として処理することや，そこにはいない保育士がやったことだから知らなかったなどの無責任な発言はNGです。保護者の思いに拍車をかけてしまう可能性があり，園の保育全体の信頼性がゆらぐことにつながります。

「苦情」は改善のもとになる「指摘」であるととらえて，園全体で受けとめる体制をつく

保育における苦情解決

　以下は，保育に対する保護者からの苦情に対する対応の事例です。どのようなことに配慮して保育者が対応しているのか，その対応方法ややりとりについてみていきましょう。

事例１　なぜウチの子はこんな姿に

　ある日の連絡帳に保護者からこんなコメントが書かれていた。「昨日自宅に帰ってきたら，ウチの息子の髪の毛がゴムで縛られていました。いったいどんな保育の流れでこんな姿になったのですか」。担任は，連絡帳を主任保育士に見せ，どのような状況だったのかを共有した。１歳児のクラスで，髪の毛の長い女の子たちの崩れた髪を結いなおしてあげていた時に，〇〇くん（男児）が興味深そうに近づいてきて，「何やってるの？」と言うので，思わず髪の毛をゴムで一部とって結んであげたが，まだ髪の毛が短くツンツンに立ってしまうようなスタイルになってしまったとのことであった。主任は，担任保育士に不適切まではいかないものの，保護者にも子どもにもさまざまな価値観があることを意識して保育するように伝えるとともに，担任保育士の思いを保護者のお迎えの際に口頭で説明した。「０歳児からみてきた〇〇くんの髪の毛が伸びたので成長を感じ，他児の髪を直していたときのやりとりから髪を結んだようです」と伝えると，保護者も「〇〇の成長を一緒に感じていただいていたのですね」と安心した表情が見られた。

事例２　健康カードが入っていない

　ナナちゃん（３歳）は早朝・延長保育を利用しているお子さんである。ひとり親家庭で，お母さんは会社で事務員をしている。同居家族はいない。ナナちゃんのことは大切に思っている様子であるが，朝も急いでいることや，夜も疲れている様子も見られ，担任保育士と話をする間もなく，園を後にする様子が見られていた。ある日，ナナちゃんに熱があったため仕事中に電話したところ，お迎えには来てくれたものの「仕事中に電話されて迷惑です」と言われたことがあり，担任保育士はお母さんへの対応に少しナーバスになっていた。

　今日は水遊びの初日。園では水遊び・プールの日には，着替えや水着の準備とともに健康カードにも水遊び対応の部分に記入をお願いしていた。ナナちゃんは水着やタオルの準備はしっかりとしてきていたが，健康カードを忘れていた。必ず確認印がなければ水遊びやプールには入れないことは，保護者懇談会やおたよりを通して，何度も説明してきている。水遊びの準備はしてきていたため，担任保育者は迷ったが，主任の先生にも相談し，水遊びはしないという選択をした。それは他のお子さんでも同じ対応を園ではしていることからであった。ナナちゃんは，水遊びしたい様子も見られたが，しばらくすると，部屋の中で保育者と満足して遊ぶ様子が見られた。お迎えの時間に担任保育士が説明すると，「どうしてナナだけ水遊びさせてもらえなかったのですか？」と詰め寄った。担任保育士が説明しようとすると，その言葉を主任保育士が止めて声をかけた。「ナナちゃん水遊びしたかったね。お母さんも水遊びさせてあげたかったと思います」と母親の思いを代弁した。「今度，判断に迷ったときにはお電話させてもらってもよろしいでしょうか。お電話で確認がとれたらこちらも助かります」と続けた。

設問１　事例１，事例２において，バイステックの７原則に応じた対応がなされている部分を見つけてみましょう。

設問２　事例１では，保護者との価値観のズレが苦情の背景となっています。保育者が留意しなくてはならないことはどのようなことでしょうか。

設問３　事例２では，保育者と保護者の関係が苦情の背景にあります。保育者が留意しなくてはならないことはどのようなことでしょうか。

設問４　事例２では，家族の状況も苦情に影響を与えています。母親はどのような思いで詰め寄ったのか，保護者の思いを具体的に考えてみましょう。保護者の気持ちを受けとめるうえで，大切なことはどのようなことでしょうか。

ることが大切です。苦情対応も構造化されています。「苦情受付責任者」や「苦情受付担当者」またオンブズマンとして，地域の住民や学識経験者が入ることもあります。保育は社会的責任のもとに行われている営みなのです。園全体で受けとめること，担任保育士だけが対応するのではなく，チームになって対応する体制が必ず必要であることを意識しましょう。

〈事例 5　苦情提起から協力関係となった運営委員会〉

　ある駅型保育所の事例です。最近多くみられる株式会社が経営展開する保育所の運営委員会の会議が開催されました。運営委員会とは，地域で利用する保育施設や介護施設に設置が義務付けられています。運営主体の責任者（そこでは地域統括リーダーと保育所の園長）と保護者代表（乳児クラスから1名，幼児クラスから1名）と私（大学教授で学識経験者として）の6名が参加しました。

　年に1回開催され，保育所の運営に関してさまざまな角度から話し合われます。

　初回の会議では，施設側から運営方針や年間行事，保護者へ求める協力事項などが発表され，その次に参加者一人ひとりが各々の立場からの発言がされました。

　その中で幼児クラスからの代表保護者が，直前に開催された運動会のあり方に疑問をなげかけました。保護者の協力を求めるお願いのプリントが3日前に渡されたが，仕事の都合をつけるために10日前あるいは1か月前には知らせてほしいというものでした。最初の口調はきついものでしたが，開設間もないことや，運動会用の体育館を借りるのに手間取り，運動会の会場が決まったのも直前だったこと，また，園長の不手際を謝ったところ，その保護者は，今後見直してくれればそれで良いということと，子育てに協力できる体制をつくってほしいとおだやかな口調で話されました。信頼関係を結ぶことができて，会議は終了しました。

5．保育者の葛藤と自己覚知そして保育者としての倫理

（1）対人援助職としての葛藤

　保育所保育指針第 4 章「子育て支援」では，保育所における保護者に対する支援の基本を示しています。その中で子育て等に関する相談や助言に当たっては，「保護者の気持ちを受けとめ，相互の信頼関係を基本に，保護者の自己決定を尊重すること」と明記されています。同時に第 1 章総則 1（1）保育所の役割（ア）には，「子どもの最善の利益を考慮し，子どもの福祉を積極的に増進すること」とも明記されています。

　「子どものため」と「保護者の思いの尊重」との間で葛藤をかかえる場合もあります。このような場合はどちらか一方ではなく，車の両輪のように，時には長期的視野に立って，子どもにも保護者にも働きかけていくことで，相談支援を充実していくことが求められています。

　対人援助職としての基礎的な技術を修得することは大事です。しかし，もっと大事なことは自分を生きることが楽しいと思えたり，相手とかかわることが面白いと思えたりといった肯定的な感情ですが，人間の内面には肯定的な感情だけではなく，否定的な感情が存在することもまた確かなことです。肯定的な感情をもち続けることができるように，もしくは肯定的な感情の比率が少しでも高まるように意識して見ることです。意識するにはあえて言葉にして言ってみることをお勧めします。自分の口からでた言葉を，自分の耳から再び自分の体にもどして，その繰り返しで肯定的な感情を太らせていきましょう。

　次のワーク⑪と⑫は声に出して言うことで，自己肯定的な感情を太らせていくことができます。ある幼稚園の保護者会で，保護者に実際にしてもらったことがあります。その時のクラスの保護者は二つに分かれ対立した感情がありましたが，このワークを実施した後には対立感がうすれ，幼稚園の行事などに保護者一同が一致して協力的に動いてくれるようになりました。

わたしはわたしが好きです。なぜならば。

目的	自己受容
ねらい	自画自賛丸出しで，自分のよいところを表現することによる自己概念の再構成。
時間	20分
人数	5～6人のグループ
やり方	「わたしはわたしが好きです。なぜならば」を枕詞（まくらことば）にして，自己アピールします。1人ずつ順番に言っていきます。
手順	① 3分間，自分のよいところを考える。 ② 1人1個ずつ順番に「わたしはわたしが好きです。なぜならば…だからです」と声に出して言っていく。 ③ 聞き手は真剣に聞く。
シェアリング	「この体験をして感じたこと，気づいたことをグループで自由に出し合って下さい」

① 次の（　　　　　）に理由を書きましょう。
　「わたしはわたしが好きです。なぜならば（　　　　　　　　　　　　）だからです。」
　「わたしはわたしが好きです。なぜならば（　　　　　　　　　　　　）だからです。」
　「わたしはわたしが好きです。なぜならば（　　　　　　　　　　　　）だからです。」

② 声に出して1人ずつ順番に言っていきましょう。

③ この体験をして感じたことを書いておきましょう。

わたしはあなたが好きです。なぜならば。

目的	自己理解
ねらい	無条件の好意の念を伝え合うことによって相手の自己肯定感を育成する。
時間	20分
人数	5～6人のグループ
やり方	1人の人に対して「わたしはあなたが好きです。なぜならば」を枕詞（まくらことば）にして，良いところを言っていきます。1人ずつ順番に言っていきます。相手の顔を見て，言われる人も相手の顔を見て，黙って聞いて下さい。恥ずかしがらずに取り組みましょう。
手順	① 3分間，仲間のよいところを考える。 ② 1人の人に対してメンバーが1個ずつ順番に「わたしはあなたが好きです。なぜならば…だからです」と声に出して言っていく。 ③ 言われる人は真剣に聞く。
シェアリング	「この体験をして感じたこと，気づいたことをグループで自由に出し合って下さい」

① 次の（　　　　）に理由を書きましょう。
  「わたしはあなたが好きです。なぜならば（　　　　　　　　　　）だからです。」
  「わたしはあなたが好きです。なぜならば（　　　　　　　　　　）だからです。」
  「わたしはあなたが好きです。なぜならば（　　　　　　　　　　）だからです。」

② 声に出して1人ずつ順番に言っていきましょう。

③ この体験をして感じたことを書いておきましょう。

（2）保育者の自己覚知

　自己覚知（self-awareness）とは「無意識的に体験している自分の態度・動機・反応および，防衛機制について洞察すること，自己理解と同義であるがソーシャルワークや心理療法の分野でよく用いられる。」（恩田・伊藤，1999：198）とあります。

　保育士も福祉分野の対人援助の専門職です。保育士が子育て支援や保護者支援をする時に，まず支援する自分の態度・動機・反応や防衛機制について知っていなくてはなりません。それは訓練をうけた専門職として重要です。

　前節のバイステックの7原則のところで述べたように，支援を受ける人は「特定の人格をもつかけがえのない個人として尊重されたい（個別化の原則）」と思っていますし，「自分の感情を自由に気兼ねなく表出できるように，意図的にかかわってほしい（意図的な感情表出の原則）」と考えています。支援者からそのようにかかわってもらうことによって援助者（保育者）と援助される側（保護者・子ども）の間の「信頼関係」を構築することができるのですが，もし，支援者であるあなたが，「泣き顔をみると動揺」し，その「動揺する自分を許せない」としたらどうでしょう。これが無意識に体験している自分の態度・動機・反応，および防衛機制ということになります。援助される側の保護者は，泣くことができなくなるのではないでしょうか？

　十分に泣けないで，自分の感情をおしこめてしまうということがおこりそうです。

　感情を表出させることができない時，その感情が怒りになったり，反社会的な行為として表れることがあります。

　安全な場所で，泣くことができた場合には，「うけいれてもらった」「自分を肯定してもらえた」という安心感につながり，相談したい内容について冷静に考えることができるようになります。

　たとえばお子さんが何らかの障害をもっていることがわかり，それを夫にも，祖父母にも話すことができない母親がいるとします。

　そんな時，「なんで自分の子どもが」と怒りとも悲しみともいえない感情が母親の心の中にはあるのではないでしょうか。身近な人に話をする前に，自分の感情で自分がつぶされてしまいそうです。

　子どもを守り，はぐくむ親であるはずが，そういった感情におしつぶされそうになった時，子どもをたたいたり，子どもの世話を放棄したりといった虐待として表れてくるかもしれません。

　そんな暗い表情で送り迎えする母親の様子を見たあなたはどうしますか。

　「お母さん，どうしました？　心配そうなお顔をしてますよ。身体のお具合はいかがですか？」と声を掛けられるでしょうか。「実は……」と話しづらそうにしていたら，面談のできる部屋などに誘導して，プライバシーが守られる配慮をし，母親の語ることに耳を傾けてほしいものです。

　その時，母親がおもわず泣いたら，「お母さん，ここでは十分泣いていいですよ」と言えるといいのですが，泣く顔を見て動揺するかもしれません。

　事前に保育士が「泣く顔を見たら動揺する自分」ということを知っていて「そういう時は一緒に泣こう」とか，「しばらく泣いている保護者をあたたかく見守ろう」と心構えができていたら，あなたは，しっかりと，母親が感情を表出する手伝いができます。

　ひとしきり泣くという行為で感情を表出した後に，本当の悩みを話すことができます。そして語ることによって，悩みや課題に立ちむかっていくことができます。

　支援する側が自分の「無意識的に体験している自分の態度・動機・反応および防衛機制について洞察すること」すなわち自己覚知をしておくことは重要です。

保育者の自己覚知

① 「私は……です。」を20個考えて書きましょう。

1. 私は（……   ）です。
2. 私は（……   ）です。
3.
4.
5.
6.
7.
8.
9.
10.
11.
12.
13.
14.
15.
16.
17.
18.
19.
20. 私は（……   ）です。

② 5人の人に見せてコメントを書いてもらいます。

1.
2.
3.
4.
5.

③ このワークをして気づいたことを書いておきましょう。

子育て支援　ワーク⓮

自己覚知─価値観

① 次の語句をあなたが大切に思う順に並べましょう。

自由・愛情・信用・努力・健康・経済力・家族・友情・平和・地位・勤勉・誠実・名誉

1 （　　　　　　　　　　　　　）
2 （　　　　　　　　　　　　　）
3 （　　　　　　　　　　　　　）
4 （　　　　　　　　　　　　　）
5 （　　　　　　　　　　　　　）
6 （　　　　　　　　　　　　　）
7 （　　　　　　　　　　　　　）
8 （　　　　　　　　　　　　　）
9 （　　　　　　　　　　　　　）
10 （　　　　　　　　　　　　　）
11 （　　　　　　　　　　　　　）
12 （　　　　　　　　　　　　　）
13 （　　　　　　　　　　　　　）

② 6 人のグループになります。他のメンバーの順位はどうですか。

メンバー／順位	a	b	c	d	e	f
1						
2						
3						
4						
5						
6						
7						
8						
9						
10						
11						
12						
13						

③ グループメンバーと話しあって，グループとしての順位を決めます。
　　グループで決めた順位
　　　 1 （　　　　　　　　　　　　　　　）
　　　 2 （　　　　　　　　　　　　　　　）
　　　 3 （　　　　　　　　　　　　　　　）
　　　 4 （　　　　　　　　　　　　　　　）
　　　 5 （　　　　　　　　　　　　　　　）
　　　 6 （　　　　　　　　　　　　　　　）
　　　 7 （　　　　　　　　　　　　　　　）
　　　 8 （　　　　　　　　　　　　　　　）
　　　 9 （　　　　　　　　　　　　　　　）
　　 10 （　　　　　　　　　　　　　　　）
　　 11 （　　　　　　　　　　　　　　　）
　　 12 （　　　　　　　　　　　　　　　）
　　 13 （　　　　　　　　　　　　　　　）

④ 他のグループは，どのような順位だったでしょう。グループごとに決めた順位を全体に発表しましょう。

⑤ このワークをして気づいたこと，感じたことを書いておきましょう。

（3）保育者としての価値・倫理

1) 全国保育士会倫理綱領

　価値というのは大切にしていることやものや心情などを言います。一人ひとりが大切にしているものはちがっています。たとえば夫婦の両方が「自分の子どもを大切にしている」と言ったとします。「自分の子どもは大切だ」という点では同じ価値をもっているのですが夫は「家庭を守る」すなわち「家庭が大切」という方が優先しているかもしれません。人間一人ひとり大切にしているものやその意味あいはちがっていきます。それを「価値観」がちがうと言います。

　また人間は自分が大切におもうものを大切にします。一人ひとり大切にしているものがちがうと，すなわち「価値観」がちがうということは，人間だけではありません。各家庭がもっている価値観や，所属する集団，たとえば学校・会社・自治体などの社会集団ですが，（一番大きな社会集団は，国という単位になります）。それは同じではありません。国同士の価値観（大切にしているもの）が違うことで戦争がおこることもあります。

　一方，倫理というのは，もっている価値観が違っている人と人，あるいは国と国のような社会集団の間のルールとか，約束という意味あいがあります。法律や規則として条文化しているものもありますが，暗黙の了解として，文章になっていない，社会規範のようなものもあります。「目上の人を尊う」とか，「約束は守る」というようなことです。

　ひとつの専門職集団がもっている倫理があります。その専門職集団が大切にしている価値とそれを守るために必要な約束を文章であきらかにしているのが「倫理綱領」と言われるものです。

　たとえば医師という専門職集団の組織である日本医師会は「日本医師会倫理綱領」をもっています。弁護士，看護師，社会福祉士，介護福祉士各々も倫理綱領をもっています。もちろん保育士も「全国保育士会倫理綱領」をもっています。次ページの「全国保育士倫理綱領」を読んであなたが保育士として大切にしたいことは何か考えてみましょう。

2)「不適切保育」について

　近年，待機児童対策から保育所の整備が進む中で，保育の「量」から「質」の問題が投げかけられるようになりました。特に保育の倫理にかかわる部分としては，保育所における「不適切保育」の問題があります。

　厚生労働省による 2020（令和 2）年度子ども・子育て支援推進調査研究事業として，不

全国保育士会倫理綱領

　すべての子どもは，豊かな愛情のなかで心身ともに健やかに育てられ，自ら伸びていく無限の可能性を持っています。

　私たちは，子どもが現在（いま）を幸せに生活し，未来（あす）を生きる力を育てる保育の仕事に誇りと責任をもって，自らの人間性と専門性の向上に努め，一人ひとりの子どもを心から尊重し，次のことを行います。

　私たちは，子どもの育ちを支えます。

　私たちは，保護者の子育てを支えます。

　私たちは，子どもと子育てにやさしい社会をつくります。

（子どもの最善の利益の尊重）

１．私たちは，一人ひとりの子どもの最善の利益を第一に考え，保育を通してその福祉を積極的に増進するよう努めます。

（子どもの発達保障）

２．私たちは，養護と教育が一体となった保育を通して，一人ひとりの子どもが心身ともに健康，安全で情緒の安定した生活ができる環境を用意し，生きる喜びと力を育むことを基本として，その健やかな育ちを支えます。

（保護者との協力）

３．私たちは，子どもと保護者のおかれた状況や意向を受けとめ，保護者とより良い協力関係を築きながら，子どもの育ちや子育てを支えます。

（プライバシーの保護）

４．私たちは，一人ひとりのプライバシーを保護するため，保育を通して知り得た個人の情報や秘密を守ります。

（チームワークと自己評価）

５．私たちは，職場におけるチームワークや，関係する他の専門機関との連携を大切にします。

　また，自らの行う保育について，常に子どもの視点に立って自己評価を行い，保育の質の向上を図ります。

（利用者の代弁）

６．私たちは，日々の保育や子育て支援の活動を通して子どものニーズを受けとめ，子どもの立場に立ってそれを代弁します。

　また，子育てをしているすべての保護者のニーズを受けとめ，それを代弁していくことも重要な役割と考え，行動します。

（地域の子育て支援）

７．私たちは，地域の人々や関係機関とともに子育てを支援し，そのネットワークにより，地域で子どもを育てる環境づくりに努めます。

（専門職としての責務）

８．私たちは，研修や自己研鑽を通して，常に自らの人間性と専門性の向上に努め，専門職としての責務を果たします。

社会福祉法人　全国社会福祉協議会
全国保育協議会
全国保育士会

適切保育の実態把握と手引きの作成が行われています。その中で，不適切な保育とは「保育所での保育士等による子どもへのかかわりについて，保育所保育指針に示す子どもの人権・人格の尊重の観点に照らし，改善を要すると判断される行為」として，以下のような類型を示しています。

---

① 子ども一人ひとりの人格を尊重しない関わり
② 物事を強要するような関わり・脅迫的な言葉がけ
③ 罰を与える・乱暴な関わり
④ 子ども一人一人の育ちや家庭環境への配慮に欠ける関わり
⑤ 差別的な関わり

　たとえば，子どもが嫌がっているのにもかかわらず，園の方針や行事や活動に無理やり参加させる，子どもが対応できない場合に激しく叱ったり，逆に勝手に無理だと判断して参加させない・無視する・保育を拒否するなどの差別的な対応がとることなどがあげられます。職員の手が足りないという理由から，子どもを一人カギをかけて部屋においてけぼりにするなどのケースもあります。子どもをトイレに長時間閉じ込め，カギをかけるなどの行為から，子どもがPTSD（心的外傷後ストレス障害）を患うケースも報告されています。

　大切なのは，乳幼児期の子どもには言葉にして抵抗する力がないことです。つらい気持ちや苦痛を親にさえも伝えることができません。身近な信頼していた大人に傷つけられる行為は，子どもの心にどれだけの影響をあたえるのかを考えることは誰でも理解できることです。しかし，現場の余裕のなさや保育者の勉強不足や経験不足から，無自覚にこうした行為をしてしまう場合があります。

　保育はチームプレーです。経験の長い保育士の力量や技量のみに力があるわけではなく，さまざまな経験や立場からの目で見て，気になる保育が展開されていると感じた場合には，声をあげて他の保育者とともに園全体で保育を再点検することが大切です。全国保育士会がまとめた「保育所・認定こども園における人権擁護のためのチェックリスト」なども参考になります。市町村によっては，地域にあわせた人権擁護のためのチェックリストづくりやガイドブックも作成されています。

保育士の倫理

① あなたが保育士となった時保育士として大切にしたいことは何ですか。
　10 あげて下さい。

　　　　1
　　　　2
　　　　3
　　　　4
　　　　5
　　　　6
　　　　7
　　　　8
　　　　9
　　　10

② 6 人グループで話しあって，グループとしての意見をまとめましょう。そて 6 人グループ
　の保育士として大切にしたいことを 10 個選びましょう。なぜそうしたか理由も書きましょう。

大切にしたいこと	理由
1	
2	
3	
4	
5	
6	
7	
8	
9	
10	

③　クラス全体で発表しましょう。

④　他のグループの発表をきいて，またこのワークをしてみての感想を書きましょう。

⑤　全国保育士会倫理綱領（72 ページ）をみて，自分たちの選んだものと比較してみましょう。
　　いかがでしたか？　感じたことわかったことを記述しましょう。

⑥ 最近保育士の倫理に欠けるニュースがいくつかきかれます。新聞記事やネットニュースなどを切り抜いておきましょう。

⑦ 上記の作業を通し，保育の倫理を遵守する大切さを自分の言葉で記述しましょう。

第3章

子育て支援の実際

1. 子育て支援とは

（1）子育て支援の原則

みなさんの中で，子どもが好きだから保育者になろうと思った方は多いでしょう。けれど保護者が好きだから保育者になろうと思った方は少ないのではないでしょうか。さらには，子どもとかかわる自分のイメージはもつことができても，保護者に対して子育て支援を行う自分のイメージはもちにくいのではないでしょうか。

いったいいつからなのでしょう。保育者は子どもを保育をすると共に，保護者への子育て支援もしなければならないとなったのは。

保育士の業務は，児童福祉法第 18 条の 4 において規定されています。「この法律で，保育士とは，（中略）児童の保育及び児童の保護者に対する保育に関する指導を行うことを業とする者をいう」と書かれています。保育士資格は 2003 年に国家資格となりました。つまり 2003 年以降，国家資格としての保育士の法定業務は「児童の保育及び児童の保護者に対する保育に関する指導を行うこと」なのです。保護者へ保育に関する指導をするなんておそれおおい，気がひけるとみなさんは感じるかもしれません。けれど，みなさんがどう感じようと，保育士の業務として，子育て支援や保育に関する指導を行っていくことが求められていることをまずは理解しましょう。

保育所保育指針解説書（平成 30 年 3 月）第 4 章子育て支援には，以下のように子育て支援の原則が書かれています。

子どもの保護者に対する保育に関する指導とは，保護者が支援を求めている子育ての問題や課題に対して，保護者の気持ちを受け止めつつ行われる，子育てに関する相談，助言，行動見本の提示その他の援助業務の総体を指す。子どもの保育に関する専門性を有する保育士が，各家庭において安定した親子関係が築かれ，保護者の養育力の向上につながることを目指して，保育の専門的知識・技術を背景としながら行うものである。
　　保育所における保護者に対する子育て支援は，子どもの最善の利益を念頭に置きながら，保育と密接に関連して展開されるところに特徴があることを理解して行う必要がある。

　子育て支援の原則に記されている内容は前半と後半で分かれていることにお気づきですか？　前半は子育てする保護者に向けた子育て支援についてであり，後半は自ら育とうとする子どもの最善の利益を年頭に置きながら，と書かれています。

　子育て支援というと保護者に向けた子育て支援なのか，いえ，子どもの最善の利益を優先するのかといった二項対立的な構造で捉えられることがあります。「保護者の思いの尊重」と「子どものため」の間で葛藤をかかえる場合もあります。しかし保護者も子どもも，どちらの利益をも尊重した保育士のかかわりが，現在は子ども家庭支援・子育て支援という形で求められているのです。子ども家庭支援・子育て支援の実際について学ぶ際に，保護者も子どもも，どちらをも包摂した利益の一体性という概念を覚えておきましょう。利益の一体性の概念とは，具体的には「親の幸せが子どもの幸せにつながる」「子どもの幸せが親の幸せにつながる」という表裏一体の一体性です。どちらか一方ではなく，時には長期的視野に立って，子どもにも保護者にも働きかけていくことで，支援活動を充実していくことが求められているのです。

親子の絆

親子の絆が大切なのはよくわかるのですが，絆というのは目に見えません。次の事例で A ちゃんは誰に対してどのような絆をもっているのでしょうか。

４歳児 A ちゃんの保護者が A ちゃんが反抗的で困っていると園の個人面談で相談されました。何を言っても反対のことを言ったりやったり，すぐに「ママ，キライ」と言うので心配されていました。担任のあなたは言いました。「お家ではそうなのですね。園では友だちと言い合いになるなど困った時，悲しい時，泣き出す時に必ず『ママ〜』とお母さんを呼んでいます。本当は A ちゃん，ママが大好きなのだなと私は思います」。

---

① A ちゃんは誰に対して絆を感じていますか？

② その絆はどのような絆ですか？

③ もし，親子の絆がもつれているとしたら，あなたはどのような援助をしていきますか？
1）A ちゃんに対して

2）保護者に対して

（2）地域における子育て支援の必要性

　保育士が担う子育て支援には，幼稚園や保育所における保護者を対象とした保護者支援とともに，もう一つの役割があります。それは，地域の保護者等に対する子育て支援です。

　日々，幼稚園や保育所に通園，通所する子どもの保護者に対する支援では，子どもを中心にして保護者とパートナーシップを形成しやすい状況にあります。一方で，地域における子育て支援では，地域の実情を踏まえながら，保育の特性を生かし，地域に開かれた子育て支援を積極的に提供していくことが求められています。地域にあるさまざまな子育てサークルや子育て支援NPOとの連携も大切です。

　園の保育の特性を生かした地域子育て支援では，一時保育の実施が最も多いでしょう。地域の実情に応じて，一時預かりや休日保育などを実施し，園に所属していないお子さんでも利用ができるように体制を整えます。まずは，子ども自身の生活において，園での生活時間と，家庭での過ごし方や生活リズム，生活の仕方が異なることに十分に配慮することが必要です。子ども自身がくつろげるスペースを設けたり，不安にならないように，園児とのかかわりを調整したりする必要があります。保護者の思いにおいても，一時保育の利用の経緯や目的においても配慮が必要です。待機児童となっていて，保育所が決定するまでの利用や，保護者の一時的な用事や休息のため，妊娠・出産や体調等から一時的に保育の必要性があることもあります。

　さらに，子育て支援センターや子育てひろば等の実施も専門性を積極的に地域に提供する子育て支援の一つです。未就園児の親子が，専門的な視点をもつ保育士から，子育ての技術や行動見本を学べる機会でもあり，地域の保護者や子ども同士のふれあいや交流の貴重な機会でもあります。また，他の子どもの育ちに触れることで，保護者自身が子育てや子どもの育ちについて理解をしたり，また心配なことを保育者に相談できる場でもあります。子どもにとっても他の子どもとのふれあいによって刺激されて育ちが促進されることも多くあります。また，地域のなかで孤立する子育てではなく，同じ子育て世代や専門機関とつながって，共同して子育てしていける場でもあります。子育ての楽しさを共有するだけでなく，育児主体者として親が子育て力を取り戻すことを支える支援が展開されています。

　また，地域の関係機関との連携も大切です。一時保育や支援センターでの様子から，不適切な養育や虐待などの子どもの保護の必要性が出てきたり，親の体調不良や心の不安定さから子育てにおける家庭支援が必要になることもあります。市の担当課との連携や地域

の民生委員，児童委員，母子生活推進委員等と連携した見守りが必要なケースもあります。子育ての孤立化が叫ばれる中で，保育所が子育ちや子育てを促進し，地域社会の活性化へとつなげる専門機関としてその役割が期待されています。

〈事例6　保護者への対応―事例を通して考える〉

　1か月ほど前から2歳児の男の子と，9か月の女児を連れて子育て支援室にきているAさんは，他の保護者と話している様子はありません。時折，長男を叱っている声がします。今日はいつもより大きな声で，他の保護者たちも遠巻きに心配している様子です。支援員が声をかけました。

　「Aさん，どうしましたか」

　Aさんはハッとして，我に返ったようでした。少し涙目になっていたので，支援員は別室に案内して，そこで話を聴きました。

　「Aさん，ここではAさんの思っていることを何でも話して下さい。

　他言はしませんので，ご安心してお話しください」

　Aさんは「うちの子だけ運動会に出てはいけないのですか？差別ではないですか？」と訴えてきた。

　話の内容は，次のようなものでした。今の住まいの団地に3月の中ころ引っ越してきました。チラシを見てここの子育て支援センターを知り，4月から通い始めましたが友達がいないので，気後れしています。長男は他の子に比べて言葉も出ないし，落ち着いていないし，遅れているのではないかと心配で，5月の末に運動会があることは，パンフレットで知りましたが，不安で孤独です。

　支援員は話をしっかり聴いて，Aさんの思いを受け止めました。支援員のその姿勢に，Aさんはだんだん落ち着いてもう少し話をつづけました。

　夫の転勤に伴って，地方からK市に引っ越してきたこと。最初の1か月ほどは団地のルールが分からず，一緒に団地の当番をしていた人に叱られたりして，怖くて外にも出られなかったこと。長男は神経質で夜泣きが凄いため，隣の住人から警察へ通報されたこともあること。子育て支援のある日は，子どもを連れて外へ出ることができましたが，誰にも話ができず時には泣きたい気持ちになっていたことなどを話してくれました。

〈事例7　こんにちは赤ちゃん事業〉

　かなこさんは，出産後8日で産院から自宅に赤ちゃんと一緒に帰ってきました。産院ではしっかりと母乳を飲んでくれていた赤ちゃんでしたが，自宅ではなかなかうまくいかないなと感じていました。夜，なかなか寝てくれないこともあってストレスが溜まっていました。そんな時に携帯電話が鳴りました。見慣れない番号からだったのですが，「誰かと話しがしたい」という思いで出てみると市役所の保健師の方でした。「体調はいかがですか？　困ったことやうまくいかないことはありませんか？」と話を聞いてくれました。たくさん話をしているうちに，子どもはスヤスヤ眠ってくれました。保健師は「うまくいかないことがあって当然なんです。困ったらいつでもお電話ください」と言ってくれました。また，1か月程経ったときに，地域の母子生活推進委員の訪問がありました。お話ししてみると，地域の先輩ママなのだそうで，心強く感じました。3か月の親子健康相談や，6か月検診の案内，地域の子育てや母乳相談などの資料も説明してくれました。かなこさんにとって，地域の先輩ママとの初めての出会いでした。これからもいつでも困ったら相談にのるので，市役所に連絡を入れてくださいとのこと。子育ての始まりは，こんな地域の応援から始まることを知りました。

保護者とともに子どもの成長を喜び合う

　保護者とともに子どもの成長を喜び合うといっても，その日，偶然に集う子育て広場の親子に対して，どのように子どもの成長を喜び合えばいいのかわかりません。

　抱っこ紐から降ろされて初めて子育て広場にやってきた 9 か月の B ちゃんは，めずらしそうにまわりをキョロキョロと見渡しています。あなたは広場の保育者です。どんな言葉を B ちゃんと保護者にかけますか？

---

①　B ちゃんに対して

②　保護者に対して

③　クラスの他の人に考えをきいて，どう感じましたか？

（3）保育者が大切にしなくてはならない視点

　子育て支援を行う際に，保育者として適切な支援を実際に行うためには，以下の視点が重要です。

① 子どもの成長を共に喜び合う

　子どもを中心にして，保護者と保育者はつながり合うのです。些細なことでも，子どもの成長の滞りに共に葛藤し，苦難を歩み，共に喜び合うことが重要です。

② 親子の絆の形成と紡ぎ直しを支援

　「ヤマアラシのジレンマ」という話を知っていますか。ドイツの哲学者ショーペンハウアーによる寓話です。2匹のヤマアラシが寒くて近づくと互いの刺で痛く，かといって離れると寒くて仕方ないというジレンマ。互いの適切な距離を調整するしくみや第三者の存在が必要なのです。絆はもつれやすいものです。もつれてもがけばもがくほど親子を縛り，傷つけてしまうこともあります。親と子の互いの真意を客観的な立場の第三者が伝えると，伝わることも多いものです。保育者が保護者から子育ての喜びの経験を奪うのでは，絆は太いものになりません。絆を確かなものにするのは不器用でも，喜怒哀楽を共にしながら共に歩む，日常のかかわりに他なりません。

③ 多様な人とのかかわりの保障

　子どもにも，保護者にも多様な人とのかかわりを保障していくことが重要です。特に保護者同士がともに育ち合える関係づくりを設定することは必要な支援となります。送迎の際にさりげなく共通の話題を提供したり，行事などを通して協力して何かを行うような場面を設定し，保護者同士の関係性も築けるように支援します。

④ 育ち直しを引き受けることへの支援

　虐待など不適切な養育環境にいた子どもたちに対しては，各機関と連携し合い，育ち直しに対する支援が必要です。

⑤ 子どもを守りきる

　保護者の支援も大切ですが，子どもの命を守ることを最優先にする姿勢とシステムの確立が求められています。

⑥ 発達段階に応じた切れ目のない援助

　子育て支援とは手のかかる乳幼児期だけを指すのではありません。乳幼児期→児童期→青年期→と，連綿と継続していくことのできる支援の連携が重要です。

保護者のやり方を尊重・支持

　時には保護者のやり方を尊重し，支持することも求められるということはいったいどのようなことなのでしょうか。下記の事例を読んで下記の問いに答えながら考えましょう。

　あなたのクラスのCちゃんの保護者は仕事が忙しい会社で働いています。今日もお迎えの時間に遅れて，申し訳なさそうにしています。見兼ねたあなたが「忙しいですよね」と声をかけると笑顔で子どもの食事の話になりました。「最近，Cの夕食はサプリに頼ってばかりなんです。だってサプリは栄養バランスがいいし，台所も汚れないし，Cも文句言わないし，忙しくて作ってられないし，作ってもCが食べなかったり，栄養が偏ったりするより……」と誇らしげに錠剤の有効性を説明します。Cちゃんは好き嫌いがありますが給食は食べています。あなたは何を感じますか？

---

①　あなたが感じたこと。

②　この保護者に食事についてどのような援助がありますか。

③　このワークを，して，またクラスの他の人の考えを聞いて，学んだこと，感じたことを記述しましょう。

（4）保護者に対する相談支援の技術

保護者に対する相談支援を行う際には，保育士としての専門的知識と技術が大切です。前にも書いたように，児童福祉法や保育所保育指針の中では，保護者に対する「指導」という言葉が使われています。「指導」＝「教える」という印象をもちがちですが，そうではありません。以下のような技術を用いて，ともに考え合う立場に立つことが重要です。

保育者から保護者へはたらきかける技術	
①承認	保護者がすでに行っている子育てにおける行為に着目し，保護者の行為によって生じた子どもの変化を伝える等により，保護者の親としての心情や態度を認める技術。
②支持	承認と同様に保護者が既に行っている子育てにおける行為を保育技術の視点から把握し，保護者の子どもや子育てへの意欲や態度が継承されるように働きかける技術。
③気持ちの代弁	現象から保護者や子どもの心情を読み取って他者に伝える技術。
④伝達	個別の子どもや他の保護者の状態，時に保育者の心情や状態のありのままを分析を加えず伝える技術。
⑤解説	観察等により把握された現象に，保育技術や保育の知識に基づく視点から分析を加えて伝える技術。
⑥情報提供	個別の子どもの心情や状態ではなく，一般的な保育や子育て，子どもに関する情報を提供する技術。
⑦方法の提案	保護者の子育てに活用可能な具体的方法を提案する技術。
⑧対応の提示	保育者が子どもや保護者に今後どのように対応するか，保育者側の対応を具体的に伝える技術。
⑨物理的環境の構成	保護者を支援することを目的として，物理的環境を構成する技術。
⑩行動見本の提示	保護者が活用可能な子育ての方法を，主として保育者が実際の行動で提示する技術。
⑪体験の提供	保護者が子育ての方法を獲得するための体験を提供する技術。

専門性と相談支援の技術

　以下の事例を読んで，保育士の専門性と相談支援の技術がどのようにいかされているのかを考えてみましょう。

　保育園では外遊び用の靴を一足準備してもらい置き靴にしてもらっています。1歳児のクラスでは「着替えの服や靴は自宅で慣れたものをお持ちください」とお願いしています。タカシくんの保護者から「靴が小さくなったので新しい靴を履いて試しているのですが，どうしても前の靴が良いと泣いてしまい，履いてくれません。どうしたらよいでしょうか。」と相談がありました。タカシくんは，お着替えの際にも，少し過敏な傾向がみられていて，自宅でも母親が悩みながら試行錯誤していました。それでも，園ではお友だちが着替えている姿をみながら一緒に着替えさせていると，いつもは過敏な様子で嫌がるお着がえがスムーズです。そのようなタカシくんの育ちを考慮しながら，担任保育士は「それはお母さん大変でしたね。どうぞ，なかなか履いてくれない靴を外靴として置いていってみてください。」と声をかけました。子どもの育ちのすべてを保育園で引き受けるわけではありませんが，保護者が悩んでいる思いを受けとめ，保育園でのタカシくんの姿を見てから，保護者とともに成長を喜び合いたいという思いからでした。外遊びの時間，靴を履き替えているお友だちと一緒にお部屋から出てきたタカシくん。新しい靴をみて，しばらく眺めながら悩んでいる様子でした。「靴を履いてみんなと一緒にすべり台するのではなかったのかな」と声をかけると，お友だちが滑り台で楽しそうにしている姿をみて，なんとか苦労しながら新しい靴を履くと，何事もなかったように楽しんで遊んでいます。担任保育士は，「タカシくんよくできたね。楽しいね」と声をかけると，はにかんだような笑顔でこたえる姿が見られました。保護者に連絡帳で様子を伝えると，「1か月も前から悩んでいたのに，こんな簡単に履いてくれるなんてすごいですね」とのこと。その日の連絡帳には，「友だちと一緒に過ごす中で，一歩一歩，お兄ちゃんになっていきますね。たくましい成長です。」と返答しました。

① 　保護者と保育士のやりとりの中で，①～⑪の技術をみつけて下線を引いてみましょう。

---

② 　保護者と保育士のやりとりを見ながら，保育士の専門性と支援の技術，保育士への信頼，子どもの成長・発達がどのように結びついているのかを考えてみましょう。

---

2. 子育て支援の実際

(1) 子育て支援の展開

　子育て支援は，保護者の気持ちを受けとめ共感することからはじまりますが，支援を開始する前に情報収集をし，それを分析して問題の焦点を明らかにします。そして終結に至るまでいくつかのプロセスを経ていきます。むやみやたらに支援するのではなく，科学的根拠に基づいた支援をする必要があるからです。具体的には図3−1にある通りです。段階をおって，みてみましょう。

　第1段階は，保護者から援助依頼をされるなどの段階です。

　送迎時などを利用した保護者との関係づくりをしていく中に，保育者に相談してみたいという気持ちが芽ばえます。また，保護者の様子をみていて，保育者からはたらきかける場合もあります。いずれも子育て支援は相談室で行われるものではなく，保育現場で，玄関先や園庭の隅，部屋の隅などで行われます。そのため，あらたまった言い方ではなくて，さりげない言葉がけから援助が開始されます。

　第2段階は，情報収集と分析の段階です。

　保護者からの依頼内容や保育者がはたらきかけた内容についてふれて話を進めていきま

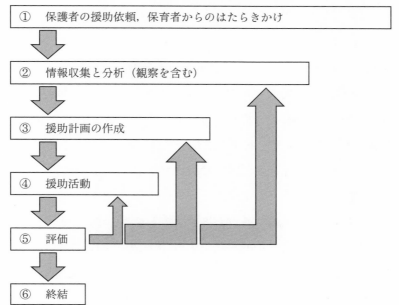

図3−1　送迎時の保育相談支援の展開

①　保護者の援助依頼，保育者からのはたらきかけ

②　情報収集と分析（観察を含む）

③　援助計画の作成

④　援助活動

⑤　評価

⑥　終結

す。そして，内容についての情報を集めて，保護者の気持ちに共感したり，保育に役立てます。情報収集の際にはさりげない挨拶や気軽に話せる雰囲気をつくるようにしましょう。「お子さん，いい表情ですね」等，わかりやすい目の前の事実を共有することから始めるといいでしょう。

第3段階で援助計画を立てます。

情報収集し分析した内容から援助の方針をさぐります。保護者に確認を取りながら援助計画を立てます。子育て支援が保護者の声に耳を傾けて「気持ちに共感すること」が半分だとすると，あとの半分は具体的でわかりやすい保育の提案をすることにあります。「今日のお散歩はやめておきますか？」「トイレに誘導してみますね」「子ども服のサイズを100にしてみましょうか」等です。子育て支援の半分である「気持ちに共感すること」は対人援助職共通の専門性であり，あとの半分は保育者としての専門性です。これも保育者の子育て支援の特徴です。

第4段階で援助活動の開始です。

保育者が保護者に対して，直接的，間接的に相談支援を実施する段階です。保護者に対して援助計画に沿った言葉がけを行い，そして実際に保育の中に活かしていきます。

第5段階では援助活動の評価を行います。

保護者の表情や言動，子どもの姿の観察，後日「あれからどう？」と声をかける等により行います。これは保護者が評価するのではなく，保育者が自分で行った支援に対して適切であったのか自ら振り返ることを意味します。保護者からの援助依頼の多くは立ち話や子どもを見ながら行われます。そのような状況で保護者からの話に方向づけしていかなくてはならないので，振り返って，自分の方向づけが適切だったのか，自己省察が必要です。保護者の表情や連絡帳，送迎時の会話等から自ら評価した結果，目標達成が不十分である場合は情報収集や分析の段階に戻って支援は継続されます。たとえば，以下の〈展開事例1〉に示す「保護者の依頼でスタートする子育て支援」の例ですと，Dちゃんがなぜ寝なかったのかの原因に迫れていません。評価の段階で新たな課題が見出された場合は，もう一度情報収集の段階に戻って行われます。

第6段階では援助を終えたと認められたとき終結となります。ただし保護者と保育者という継続した関係の中で，時に長期的実践が求められる場合もあります。

これらの段階を経て，支援を終結します。この子育て支援の6段階の展開をワーク⑳，ワーク㉑，ワーク㉒に取り組みながら具体的に学んでいきましょう。

〈展開事例1〉　　　　　　　保護者の依頼でスタートする子育て支援

保護者	「先生，ゆうべ，うちのD，寝なくて大変だったわ～」	①	保護者の援助依頼　援助開始
保育者	「なかなか寝なかったのですね。Dちゃん。では今日は少し寝不足かな？」	②	情報収集と分析
保育者	「Dちゃんも寝不足だけど，お母さんも寝不足ですよね。今日はDちゃんのお昼寝を多く取りましょうか」	③	援助計画
保育者	「Dちゃんもお母さんも今夜はぐっすり眠れるといいですね」 Dちゃんの様子を見ながらお昼寝を多めに取るよう保育を工夫する。	④	援助活動
保護者	「先生，ありがとう。助かるわ～」	⑤	評価
保育者	「どうぞ気軽にこれからもご家庭の様子を教えて下さい」	⑥	終結

〈展開事例2〉　　　　　保育者からのはたらきかけでスタートする子育て支援

保育者	「あらEちゃん，風邪，治ってよかったね。お母さん，ほっとしましたね」	①	保育者からのはたらきかけ 援助開始
保育者	「もうお薬は飲んでいませんか？」 「服薬は終わっても一応用心のためにお散歩はやめておきますか」	②	情報収集と分析
保護者	「あ，散歩は行って大丈夫なのでお願いします」		
保育者	「はい。では行きますね。普段の生活と同じでいいでしょうか」	③	援助計画
保護者	「はい」		
保育者	「Eちゃん，お風邪がぜんぶなおったから，お散歩，行けるって。よかったね。Eちゃんの好きないぬさん，いるかな～」	④	援助活動
保護者	「E，お散歩でいぬさんいたか，お迎えにきたとき教えてね」	⑤	評価
保育者	「お預かりします。行ってらっしゃい」	⑥	終結

支援の展開①

　あなたは２歳児の担任です。降園時にＦちゃんの保護者がＦちゃんがまだお話ししないことを気にしてあなたに声をかけてきました。以下はあなたと母親との会話です。前ページの事例を参考にして，あなたの会話を「　　」に書きこんでみてください。

母親	「先生，うちのＦは言葉が遅くてね〜」	①　保護者の援助依頼 　　援助の開始
あなた	「　　　　　　　A　　　　　　　」	②　情報収集と分析
母親	「家では，パパとママとマンマだけなのよ」	
あなた	「　　　　　　　B　　　　　　　」	
母親	「そうなのね。こちらが言うことはわかっているのよね」	
あなた	「園でも，私の言うことはよくわかってくれていますね」	③　援助計画の作成 言葉を聞いて理解しているのならその体験を豊かにしていく。
母親	「この前も，ママのケイタイ持ってきてと頼んだら，すぐにわかってね」	
あなた	「もしかしたら今はまだ言葉を内面に蓄えている時期なのかもしれません。初めて今日はおたまじゃくしを見たのですが，丸い目をして驚いた表情で『おたまじゃくし』という言葉を神妙な表情で聞いていましたよ」	④　援助活動
母親	「あら，そうなの。じゃ帰ったらＦにおたまじゃくしのこと，聞いてみようかな」	⑤　評価 ・母親が今日のＦちゃんの保育内容に興味をもってくれている。 ・母親があなたの話題に沿っている。
あなた	「はい。　　　　　　　C　　　　　　　」	
母親	「アハハ（笑）そうね。楽しんでみるわ」	⑥　援助の終結

答え記入欄

A	
B	
C	

支援の展開②

　４月，あなたは３歳児の担任になりました。クラスには視線が合わず，絶えず動き回っていて，お話がまだできないＪ君がいます。明日からのＪ君の保育をどうしたらいいのかわかりませんでした。あなたは入園式の日におもらしをしたＪ君の保護者に，まずは排泄のやり方について尋ねました。

あなた	「Ｊ君のお母さん，明日からのＪ君のおしっこのやり方ですが，　　　　A　　　　」	① 保育者からのはたらきかけ 援助の開始
母親	「先生，Ｊは言葉の意味がまだわからないから大変よね。あのね，家ではちんちんをパンパンとたたくポーズをとると『おしっこ出る』という合図なの。だからＪがパンパンしたらトイレに連れていってほしいの」	② 情報収集
あなた	「はい。ありがとうございました。うんちの時はどうしましょうか」	
母親	「今度はおしりをパンパンとして」	
あなた	「はい。わかりました。ではトイレは最初はＪ君のポーズが出たら対応していきます。慣れてきたら自分からトイレに行ってできるようにしていきます。いかがでしょうか」	③ 援助計画の作成 本人のポーズがでたらトイレ誘導していく。慣れてきたら自分からトイレに行けるように導く。
母親	「えぇ，それでお願いします」	
	後日　Ｊ君は保育中，あなたが「Ｊ君，おしっこ出る？」と聞いたとき，視線は合いませんでしたが，ちんちんをパンパンとしました。トイレに誘導すると無事排泄できました。 お迎え時にあなたはＪ君の保護者に報告しました。	④ 援助活動
あなた	「今日，Ｊ君が　　　　　　B　　　　　　」	
母親	「わぁ〜大成功ね〜先生。 Ｊ，頑張ったね。私もうれしいわ〜」	⑤ 評価
あなた	「しばらくこのやり方で続けてみます」	⑥ 終結

答え記入欄

A	
B	

支援の展開まとめ

　あなたは園でのJ君の保育をより良くするためにも保護者と連携をとっていく必要があります。日常の場面では何気ない保護者との会話のやりとりも，保育相談支援活動なのです。そのことを保護者が「ああ，これは相談として依頼しているのだ」と意識することはほとんどありません。けれどあなたは保育者としての責務や倫理観をもって対応しなければなりません。

　支援の展開の①と②の会話を考える中で，あなたの感じたことを書いておきましょう。

　支援の展開①と②の会話例です。

会話例（ワーク⑳）

A	たとえば，今，お家ではどんな言葉を話しますか？
B	園では自分の名前を話していますよ。私が「お名前教えて下さい」と言うと「Fちゃん」と答えてくれます。
C	Fちゃんはきっと表情や身体で，おたまじゃくしを見たことを思い出してくれると思いますよ。その表現を楽しんでみてはいかがでしょう。

会話例（ワーク㉑）

A	園ではどのようにしたらよいでしょうか。
B	トイレでおしっこできました。お母さんの仰る通りにやってみたらできたのです。教えてくださり，ありがとうございました。

（2）日々の子育て支援

　保育者の行う子育て支援の特徴は保育現場で行うことにあります。日常性のある生活の現場だからこそできる支援が求められています。場面別に支援状況をみていきましょう。

1）保護者への個別支援

① 送迎の際の対話

　送迎時などは保護者との関係づくりとして非常に重要になります。日々の送迎時は，園での子どもの様子を伝えたり，また家庭の様子を聞かせてもらったり，情報収集と信頼関係づくりの機会となります。

② 連絡ノート

　園と家庭が互いに子どもの様子を伝え合うために書かれるノートです。保育者と保護者との信頼関係を深める手段のひとつになります。その日の園の様子や健康状態を伝えるのみならず，その子どもがその日に発したつぶやきなどから内面を推察したり，成長が感じられる記述があるとよいでしょう。

　また，家庭からの連絡では「顔を合わせて話すと言いにくいこともあるので文章の方が伝えやすい」という保護者もいます。保育者が書くのは10分程度でも，家庭では子育ての記録として一生保管される場合もあるので，表現には十分な配慮が必要です。

③ 個別懇談

　個別に懇談する機会は保護者の希望する日時を調整して行うことが多く，おおよそ懇談時間は10分〜15分程度です。個別懇談では，特に家庭の事情など踏み込んだ話がされることも多いので，知り得た情報については秘密厳守をしなければいけません。

　保育者側からの一方的な話にならないように，保護者から家庭での子どもの様子を引き出すようにしましょう。

2）保護者集団へ支援

① 行事

　年少の保護者が年長の子どもの姿をみることで発達の見通しがもてるようになります。また行事は，保護者同士の交流の場，子育ての悩みを共有できる仲間づくりの場，にもな

ります。単に保護者が集まれば，関係が深まるわけではありませんので，行事を通して子どもの成長をどのように見守るのかの園の基本方針を伝え，共通の理解のうえで，交流が深まるようにしましょう。

② 保育参観，保育参加

特別な行事の姿ではなく，日常の保育の様子を知る機会として園が設定するのが保育参観，保育参加です。できたら一斉参観ではなく，少人数を設定し，保護者同士の交流が深まるようにするとよいでしょう。

③ 保護者懇談会

子どもの様子や子育てについて，保育者と保護者で懇談し，交流が深められるようにします。大勢の前で発言することは苦手な人もいるので，堅苦しい雰囲気をつくらずに，ざっくばらんに話ができるようにしましょう。保育者自身も心を開いて話すこと，また保護者の発言を，うなずきながら熱心に聴くことが大切です。

④ 園だより，クラスだより

子どもの様子や育児情報を保護者に伝えるために月1回程度発行されるものです。保育をしていくうえで保護者に理解してもらいたいことを，ある個人に直接言うのではなく，クラス全体，園全体へ向けて発信していくこともできる方法です。

⑤ 園ホームページ

子どもの様子をwebで伝えることができます。不特定多数が閲覧することを想定し，個人名は載せない，写真等を載せる場合には個人が特定されないようにする等，個人情報には十分な配慮が必要です。

子育て支援 ワーク㉓

子育て支援をする姿勢

保育者として子育て支援をする姿勢として適切なものには〇を，不適切なものには×をつけて下さい。

No.	保育者の適切な子育て支援の姿勢	〇	×
①	登園時，2歳児の子どもが鼻水を出していたので，下の子を抱っこして荷物も持っている保護者に，「鼻を拭いてあげて下さい」と頼んだ。		
②	登園時，家で折ってきた折り紙を見せてくれる3歳児の子どもと保護者に対してともに成長を喜び合った。		
③	トイレットトレーニング中の3歳児が園ではトイレで排泄ができるようになったが，家庭では忙しいので無理だろうと思い，できるようになったことさえ伝えなかった。		
④	プール遊びの持ち物として濡れた水着を持ち帰るビニール袋の用意をお願いしたのだが，水着は入っていたのに，ビニール袋が入っていなかったため，保護者の準備不足とし3歳児の子どもに楽しみにしていたプール遊びを我慢させた。		
⑤	4歳児の子どもが保護者を蹴っていた。保護者は「わたしが悪いからしかたないのです」と言っていたので，そのままにした。		
⑥	子育てセンターに来た1歳児と2歳児を連れた保護者に，笑顔で挨拶して，楽しく子どもが遊べるように働きかけた。		
⑦	子育てセンターで泣きだしてしまったわが子に途方にくれている保護者に声をかけて，泣いている子どもの気持ちの立て直しを援助した。		
⑧	子育てセンターに来てもずっと抱っこをしている保護者に「抱き癖がつきますよ」と指導した。		
⑨	子育てセンターで周りの子の遊びをみてばかりいるわが子に対して「うちの子遊べないんです」とこぼす保護者がいた。「あらら，でもお目々はお友だちの遊びを見て，あそんでいるようですよ」と保護者に伝えた。		
⑩	子育てセンターで誰とも話さずに俯いている保護者に声をかけ，「よく来て下さいました」と労をねぎらい，話しやすい雰囲気を作った。		

（3）保護者とのコミュニケーション

　子育て支援において非常に重要なのが，保育者と保護者のコミュニケーションです。特に朝の送りの際，帰りの際には，保育者がどのような姿勢で子どもを迎え，保護者とやりとりをしているのか，どのような言葉づかいをしているのか，どのような思いをもっているのか，保護者は関心をもっています。当たり前のことかもしれませんが，まずは「丁寧な言葉づかい」「相手に敬意をもった言葉づかい」を心がけてください。相手に対する敬意をもった対応は「個人として尊重されている」と感じるため，大変重要な姿勢です。また，保育者の日々の様子を一番よく観察しているのは，子どもたちです。園での保育者とのかかわり，そこで感じたことを，自宅に帰ってから保護者に話をします。「日頃から話すことが好き」と感じている保育者は，コミュニケーション力がありますが，言いすぎてしまうことや，不快な言葉を発していないか振り返ることが必要です。思わぬところで，保護者との信頼関係が崩れてしまうこともあります。「コミュニケーションが苦手」と感じている保育者でも，丁寧なかかわりを心がけることで「一生懸命に聴いてくれる」ことが，保護者の信頼感につながります。保護者への誠意や子どもへの愛情をもって応じることを心がけましょう。

　登園時や降園時の保護者とのやりとりにおいて，保育者がやりにくさを感じるのがトラブルやケガの報告，保護者への個別のお願いです。たとえば，保育の中で「子ども同士のかみつき」が起こった時，かみついた子どもの保護者，かみつかれてしまった子どもの保護者の両者に丁寧な説明が必要です。① きちんと事実や状況を整理してわかりやすく説明する，② 保育者が子どもに対してどのように対処したのかを説明する，③ 保育上の問題は保育者の責任として子どものせいにしないことは基本事項です。また子どもの発達段階に応じて，トラブルの内容についても理解が必要です。1歳児の「かみつき」と4〜5歳児の「かみつき」では，まったく内容が異なります。一方で，子ども同士のトラブルは，子ども同士の育ちにおいて重要な経験であることは言うまでもありません。自己主張をぶつけ合う機会，またその中で折り合いの仕方などを学ぶ貴重な社会体験であることを伝えます。こうした保育の専門性をしっかりといかしながら，④ 子どもの成長発達や子ども自身の思いをきちんと代弁することを心がけましょう。

　また，個別に忘れ物が多い家庭や，登園時間やお迎え時間をなかなか守れない家庭などもあります。「決まりなので守ってください」「お手紙でお願いしているのだからできて当然」という考え方では，保護者支援はできません。保護者支援で大切なのは，保護者の思

いへの共感的理解です。子どもの育ちに不安や悩みを抱えている保護者は，「私の気持ちなど理解してもらえない」という思いや「将来どうなってしまうのか」という思いに悩んでいます。こうした思いに応えていくコミュニケーション技術が求められます。

「私の気持ちなど理解してもらえない」という思いには，保護者の苦しい思い，つらい思いに応える言葉が必要です。保護者の気持ちに共感しながら，そのつらさを分かち合う言葉が，保護者の思いを癒していきます。発達の遅れが心配されたとき，保護者は「将来どうなってしまうのか」と感じることも多いようです。「できないこと」を指摘したり，家庭の責任にするような対応は，家庭において過剰に教育や指導をするなどの不適切な養育につながりかねません。日々の子どもの育ちを見守る保育者だからこそ，ともに育てていく思いを伝えてください。「いっしょに○○ちゃんの育ちを見守っていきましょう」という保育者の言葉は，保護者の孤独な気持ちに寄り添い，子どもの育ちに向き合っていこうという勇気を支えます。このように，個別の保護者へのお願いは，その背景にある，家庭の状況や子どもの成長・発達にしっかりと向き合いながら，保護者が前向きに子どもの育ちに向き合うことができる状況をつくったうえで行うことを心がけましょう。

（4）連絡ノートのやりとり

日々の保育の中で，保育者が毎日取り組むのが連絡ノートのコメントです。これも保護者とのコミュニケーションで大切なやりとりの一つです。日々の連絡帳のやりとりの積み重ねは，大切な保育の記録にもなります。また，保育者同士が子どもの保育について情報共有するための記録でもあります。連絡ノートはのちに残るものであり，大切な記録であること，子どもの成長の証であり，たからものにもなることを意識して記載しましょう。

連絡ノートにはさまざまな形式があります。3歳未満児と3歳以上児で，記載内容が変わる園も多くあります。3歳未満児は，帰宅後の食事内容や，朝食の内容等の記載もあり，自宅と家庭が連携して養育していくための記録にもなっています。3歳以上児では，形式を設けている園もあれば，罫線のみで必要事項のみやりとりをする連絡ノートの園などさまざまに対応が分かれます。こうした連絡ノートの形式も，園の保育方針が大きく反映するものとなります。現在では，web上で連絡ノートのやりとりをする園も多くなりました。記載事項の確認や，当日の保育状況を画像で確認できる園も増えています。さまざまな時代の変化や家庭の状況に応じて，保護者のやりとりも変化していることを理解しましょう。

連絡ノートのコメントは，上記のようにさまざまな形式があるものの，コメントするに

保護者への説明・配慮

　かみつきが激しい1才児のお子さんがいます。子どもの様子を観察していると，いつも同じ友だちに向かっていることがわかりました。今日も，十分に様子を見守っていたのですが，隙をつかれてしまい，お友だちにかみついてしまいました。お迎えの際に保護者にどのように説明しますか。

① かみつきが激しいお子さんの保護者に対して，どのように説明しますか？
　説明における配慮点についてもまとめましょう。

② かみつかれたお子さんの保護者に対して，どのように説明しますか？
　「なぜうちの子ばかりこんな目にあうのでしょうか」と苦情もありました。
　説明における配慮点についても考えましょう。

③ その他，園としての必要な対応についても考えてみましょう。
　両者の保護者の信頼を得るような対応には，どのような配慮が必要でしょうか。

子育て支援 ワーク㉕

もう少し早く登園できませんか

　以下は，登園時間やお迎え時間について指摘をうけた保護者のコラムです。保護者の気持ちや保育者の対応について考えてみましょう。

　もう少し早く登園できませんか

　0歳児クラスに子どもが所属していた時のことです。生後4か月で仕事に復帰し，子どもを預けています。保育園生活に入るまで，なんとか朝の時間をあわせるように調整してきましたが，0歳児はミルクやオムツなど持ちものも多く，準備にも手間取りますし，どうしても登園時間に遅れてしまうことがしばしばありました。ちょうど登園して1か月あまりたったときに，「〇〇さんはいつも登園時間が遅いです。もう少し早く登園できませんか。そうでないと他の子どもたちの外遊びがはじまらないので困っています」と言われてしまい，保育園に子どもを置いてから，涙があふれてきてしまいました。

　またお迎えに行った時のこと。既定保育時間の中でしたが，お願いしていたお迎え時間に10分ほど遅刻してしまったときに，「保育者の交代の時間があるから，遅れてしまうと困るんです。」と言われました。やはり朝の遅れもあるから，帰りについても「あのおうちは時間が守れない」と言われているのだろうなと感じました。家庭の状況のために，子どもがいじめられていないかと心配になりました。

設問1　保育者による発言の中で，必要な部分・問題だと感じる部分はどこですか？

設問2　保護者の気持ちや思いについて考えてみましょう。

設問3　保育者はどのように発言すればよかったでしょうか。具体的に考えてみましょう。

あたっては，保護者の思いに共感することや保護者からの依頼に応じることから始めるのが原則です。次のようなながれや文章を例としてコメントをしていきましょう。

〈連絡ノートのコメントの記載〉

① 保護者に共感する。保護者からの依頼に応じる。

② 園での状況を説明する。不安を打ち消すようなエピソードを心がける。

③ 成長の過程に位置付けて，コメントする。

④ 今後の見通しと対応方法を説明する。

〈書き出し例文〉

① ○○ちゃんの様子が目に浮かぶようです。

② そのように一生懸命考えてくださっているのですね。

③ お忙しい中，ありがとうございました。

④ ご連絡ありがとうございます。承知しました。

⑤ 教えてくださりありがとうございました。

〈文末例文〉

① 将来が楽しみです。

② 大きくなることへの喜びがいっぱいのようです。

③ お家ではどうされていますか？

④ 試してみてはいかがでしょうか。

⑤ きっと○○なのでしょうね。

⑥ よろしかったらご感想を教えてください。

⑦ お家の方々のご協力に感謝申し上げます。

⑧ お友達にケガはありませんでしたので，ご心配なさらずにいてください。

⑨ ちょっぴり親子の時間を楽しんでください。

⑩ 園でも注意してみるようにしていきます。お家でも変化がありましたら教えてください。

⑪ お家ではどんな遊びをしていますか？

　連絡ノートのコメントには，書いてはいけないことがあります。こうしたものをNG文章としています。以下のようなものがＮＧ文章です。

①　他の子どもたちと比べた表現

　　例：クラスでハサミを使えないのはＡ君だけです。

②　だれとも遊べず，ずっと一人でした。

③　粘土を嫌がり，いくら誘っても触りません。

④　砕けすぎた表現

　　例：超びっくり。子ども同士受けていました。マジすごかったです。

　保護者とのコミュニケーションでも書きましたが，基本的にケガやトラブルの報告は，連絡ノートではなく口頭で行いましょう。ただし，経過などの報告について連絡ノートでやりとりをすることもあるので，その場合は，以下のようなことに配慮してください。

①　園で起きたケガはすべて園の大人たち，保育者の責任です。誠意をもってお会いして伝えます。

②　けんか等のトラブルを連絡ノートに「成長の一過程に見られる現象です」と１行で簡単に説明しただけではNGです。自己主張をぶつけ合って，主張の出し方や折り合いの仕方を学ぶ社会的体験であり，貴重な機会であることを伝えます。保護者が納得できるように，一般論でなく，具体的に書きます。

③　特にケガやけんか等のネガティブな文脈では他の子どもの名前は不用意に出してはいけないことを覚えておきましょう。園の方針もありますが，きちんと把握しながら個人情報への配慮もしっかりとしたうえで対処しましょう。

連絡ノートの対応

　２歳児Ａちゃんの保護者が連絡ノートに書いてくださったものが下記にあります。返事を書いてみましょう。

　最近，Ａは笑顔で「パパきらい」と私に言います。主人はしつけが厳しい家庭で育ったのでＡにも厳しくしつけています。でも本当はとても優しい主人で本心はＡをとても可愛がっています。またＡも口達者になってきたので主人と言い合いになってしまい，私はハラハラするばかりです。

　連絡ノートの書き方は保護者の思いに共感することからはじめます。番号に添って書いてみましょう。
　①保護者に共感。
　②園での状況。不安を打ち消すようなエピソード。
　③成長の過程に位置付けて，コメント。
　④今後の見通しと対応方法。

保護者の方へあなたが書く連絡ノート

１行目　気持ちの共感 _____
２行目　園での様子 _____
３行目　保育者のかかわり _____
４行目　これからのこと _____

（5）おたよりのやりとり

保育の現場の様子を，保護者に伝えるアイテムとしておたよりは重要な役割があります。連絡帳が日々の様子を伝え，直接支援する保育者からの連絡をとる役割だとしたら，おたよりは，クラスおよび園全体の様子や子どもの育ち，保育目標やねらい，月の予定や行事等についての連絡等，大きな視野で保護者に伝える役割を果たしています。

保育園・幼稚園・子ども園では，代表的なおたよりには，「クラスだより」「園だより」「給食・栄養だより」「ほけん・健康だより」が基本で，そのほかに「保護者会だより」や「文化だより」などがあるでしょう。それぞれの園が大切にしている方針に従いながら，発行されています。クラス担任になり，必ず書くことになるので「クラスだより」です。どのようなことを書いたらよいのか，不安になることもあると思いますが，まずは昨年，一昨年に先輩の先生方がどのようなおたよりを書いていたのか，ぜひ参考にしてみましょう。何回か担当をして書いてみると，何を書いたらよいのか，また担任として自分が伝えたいこと，書きたいことがだんだんと膨らんでくるでしょう。以下は，クラスだよりに書いておくべき概ねの構成です。

① クラスだよりの名称　　例）「うさぎぐみ　だより」「げんきっこ　だより」
　　クラスの名称を名前にしたり，クラスで大切にしている思い，目標などをクラスだよりの名称にします。

② 発行日時　　例）令和●●年●●月1日　令和●●年●●月臨時号
　　クラスだよりはほぼ毎月1回発行されます。翌月号を前の月の中旬から終わりに配布できるように準備します。行事や参観などについての連絡等は臨時号を発行することが多くあります。

③ 書き出し・あいさつ文
　　例）いよいよ夏到来。目を輝かせて，虫を追いかけ，お友だちと水しぶきをあげて元気いっぱいに遊んでいます。熱中症，感染対策等，子どもたちの健康観察・管理に十分に配慮しながら，外遊び・水遊びを楽しんでいきたいと思います。

　　書き出しは季節を感じる言葉から始まることがほとんどですが，あなたのクラス担任としての思いがにじみ出てくる部分です。ぜひ書き出しやあいさつ文には，あなたなりの思いを表現できるようにしてみてください。特に，保育をしていて楽しいと感じたこと，子どもの表情や育ちで印象的だったことを簡潔にまとめて表現してみましょう。

④ 主要なクラスの行事・活動についての連絡事項
　　例）お知らせ　●月●日　クラス遠足
　　　　　　　　　○○○○公園に出かけます。
　　　　　　　　　詳しくは遠足のしおりを参照してください。

　　　　　　▲月▲日　ほけん指導
　　　　　　　手洗いについて紙芝居から学びます
　　　　　　　ばい菌チェッカーで手洗いできているか確かめよう！
　今回のおたよりで必ず伝えたいことを，簡潔に・明瞭に・内容を詰め込まないを基本に書いていきます。行事についてたくさん伝えたいことについては臨時号などで，別紙を発行するようにしましょう。

⑤　欄に余裕があれば，次のようなものも含めると，保育方針やクラスの雰囲気を保護者に伝えることができます
　　・今月の保育のねらい
　　・今月のクラスの活動予定
　　・お誕生月のお友だち
　　・子どもたちに人気の遊び今月のベスト３　等

⑥　最後に定番のお願いごと
　　例）もち物の記名が薄くなってきているものが多くなっています。
　　　　もう一度ご確認をお願いします!!

　　毎回のお便りで書きこむとプレッシャーを与えてしまったり，逆に気を付けてもらえなくなってしまうこともあるので，頻度を考えてお願いごとを書きましょう。

⑦　臨時号・特集号について
　　例）運動会　いよいよ本番です！
　　　　子どもたちは，一生懸命，かけっことダンスの練習に取り組んでいます。お友だち同士で勝ち負けを意気込む一方で，協力してダンスに取り組む姿もみられます。子どもたち一人ひとりの可能性を応援しながら，頑張った心と体をご自宅でそっと受けとめていただけましたら嬉しいです。
　　　　保護者の皆様の写真撮影や待機場所は次のようにお願いします……

　行事や参観等の前・後に臨時号や特集号で，子どもたちの様子を伝えるとともに，連絡事項やお願い，また報告をまとめます。大切なのは子どもたちの育ちをどのように伝え，保護者に受けとめてもらうのか，保育者の力量が試されます。

子育て支援 ワーク㉗

おたよりづくり

1) 「家で子どもとどうつきあえばよいかわからない。」というお父さんからの相談であなたはクラスだよりをつくって，家庭でお父さん子どもとふれあう遊びを紹介しました。巻末事例を参考にしながら，子どもの発達に応じたクラスだよりを作成しましょう。

2) 12月の「園だより」をつくってみましょう。12月は行事も多く，インフルエンザなどへの配慮やさまざまな連絡事項も必要です。12月だからこそ，おたよりを通して保護者に伝えたい内容を考えて，作成してみましょう。

   ① 12月だからこそ，おたよりに盛り込みたい内容を挙げてみましょう

   ② ①の内容で優先事項を考えながら，園だよりを作成してみましょう

   ③ 作成してみての感想をまとめてみましょう。友だちの作成したおたよりを見てみましょう。自分の項目にあったもの，なかったものなど比較して，よりよい視点をまとめておきましょう。

（6）保育参観や保護者懇談会

　保育の現場では，保護者からさまざまな悩みの相談が持ち込まれてきます。とくに母親は，自分なりに最善の努力と思うことを行い，子どもに寄り添って子どもの成長を願っているはずです。しかし集団の中に入ると家庭で子どもに向かい合っていたときとは違い，さまざまな考え方や価値観と出会うことになります。違う考え方や価値観に出会うことは刺激でもあり，葛藤をうむ原因ともなります。子育てに対しても，自分の子どもの育ちや行動も気がかりな点が見えてきます。保育参観や保護者懇談会は，まさにそのような場となります。幼稚園やこども園の短時間保育など，登降園時間が同じ場合は保護者同士の交流の機会も多くありますが，保育所では保護者同士の交流の機会は少ないのが現状です。保育参観や保護者懇談会の機会は，他の保護者と交流できる大切な機会です。そこで，保育参観を設定し，子どもたちの日頃の様子を保護者にみてもらってから，懇談会を開くことが多くあります。

〈エッセイ4　保育参観と保護者懇談会〉
　4歳児クラスの保育参観がありました。朝の活動の様子を1時間ほど参観してもらいました。その後，子どもたちは外遊びに入り，教室で保護者懇談会となりました。担任は「自己紹介をして，本日の感想，またお子さんのことや園へのお願いなど，せっかくの機会なので何かありましたらお話しください」と声をかけ，順番に保護者が話します。「○○○○の母です。3歳児クラスからお世話になっていて，お友だちもできて楽しく遊んでいる様子をみることができて成長を感じました。うちの子は育ちに心配なところがあります。お友だちができるのか，迷惑をかけていないか心配でしたが，○○○○が困っていると友だちが手を引いてくれたり，助けてもらっている様子を見て，お友だちに感謝です。これからもよろしくお願いします」と語りました。続いて別の保護者から「うちの子もいつも心配なことが多くあって，他のお母さんたちもみんな悩んでいるんだなと安心しました」と話が続きました。保護者の全員の話が終わってから，現在クラスで大切にしていること，保育目標について話をしました。それから時間があったので，製作したものや，外遊びの様子を見ながら，個別に保護者に話しかけて，お話を少しずつ聞きながら過ごしました。懇談会が終わると，保護者同士で話をしながら，和やかな雰囲気で帰っていく様子が見られました。

　懇談会を通して，「気がかりな点」を率直に誰かに相談し，打ち明け，共有され，解決されれば問題はないのですが，受け入れられずに，また否定される状況にあると，問題として保育現場に持ち込まれてきます。保護者から「気がかりな点」について発言や相談があった場合には，決してそのままにするのではなく，個別に保護者の思いを共有するようにしましょう。また，懇談会を進行する保育者の言葉の投げかけ方も重要です。以下の事例のように緊張感漂う懇談会になってしまうことのないように留意しましょう。

〈エッセイ5　緊張感漂う懇談会〉

　ある学校の懇談会に参加したときのことです。担任の先生は、集まった保護者に「自己紹介をして、お子さんのことや学校のことで気になることをお話しください」とその会が始まりました。親側から、次から次から「気になること」「困ったこと」が話されて、その場では解決できそうもない話題であふれてしまいました。担任の先生は何かの問題をつかんでいたからこのような話題にしたのでしょうか。泣き出す親もいて収拾のつかない状況となってしまいました。担任の先生が「気になることを言ってください」と提案されたので当然のなりゆきといえるでしょう。しかし、こんな緊張感漂う懇談会で何か得られるものがあったのかと今でも疑問に思っています。

　保育所、幼稚園、こども園の子どもたちのクラスづくりは保育者が中心になって行っていきますが、保護者の協力が必要不可欠です。保護者の仲間づくりの目的は、本当に子育てに困ったときや行き詰ったときに協力し合える人間関係を整えていくことなのです。

　保育者側は、親も集団で育ちあうことを期待し、クラス全体、また園全体の保護者に対してテーマを設けて話し合いや講習会等の勉強会を設定し、投げかけていくことも必要です。しかし、先にも述べたように緊張した関係性の中で、集まりの参加はなかなか難しいものになってしまいます。参加しやすい雰囲気づくりをして、それぞれの保護者が自分を発揮できるような工夫をしていきましょう。集まりの前などに、グループエンカウンターやロールプレイング等の遊びの要素を取り入れ、心をほぐしていくような技術はとても有効です。同じ空間の中を自由に歩いたり、体を動かしたり、近くの人と握手をして自己紹介をしたりして、出会いの場を保育者が提供していきます。

〈コラム1　保護者同士の関係を和らげるゲームの導入〉

　ある幼稚園の保護者のFさんから「クラスの保護者の中に入れず孤立した状態である。」と私自身担任の時に相談を受けました。「他の保護者と仲良くやっていきたいのですが、どうすればよいのでしょうか。」という内容でした。Fさんの普段の様子からはとくに問題を感じず、穏やかに周りの方と接していらっしゃるように見えていましたので私は驚きました。そこでも具体的な状況やトラブルの内容や、具体的に「折り合いが悪くなった」原因や状況があれば正確に把握し、Fさんが抱いている不安や孤独感を共有したいと思い、もう少し詳しくお話を伺うことにしました。しかし、Fさん自身も、はっきりした要因がつかめていませんでした。「自分は地方出身なので……」とか、「年齢が違うので……」等、他のお母さんの仲間に入ることに臆病になっているようでした。

　Fさんの問題は、「クラスの保護者の中に入れず孤立した状態である。」ということでした。その原因は「自分は地方出身なので……」「年齢が違うので……」と自分は集まっているグループのメンバーとは異質の存在であると感じ、他のお母さんの仲間に入ることに臆病になっていることでした。

　そこで保護者懇談会の際、緊張感が増すような「自己紹介」や「話し合い」は、まず置いておいて、担任がリーダーとなって次のようなゲームをして遊ぶことにしました。

【人間地図】

　出身地別「人間地図」作りです。リーダーが手順を説明し、ゲームを進めます。
ゲームの手順と遊び方
① 始めるにあたって、このゲームは「遊び」なので、「人と競わない、間違っても自分を責めない、おもしろがることが原則である」ことを伝えます。
② 部屋の中に「地図を作る」ことを伝えます。「日本地図（必要だったら）世界地図）」の東西南北をリーダーがその位置まで行って場所を示しイメージを参加者と共有します。「ここがみんなが今いる場所」「ここが北海道」「ここが沖縄」と示して地図作りの場所のイメージを参加者と確認します。質問も受けますが、あまり細かい規定は作りません。

③「幼稚園時代に過ごしていた場所はどこですか。これからその場所に移動します」と言います。
　地図の確認を一通りしたら「これから口がきけなくなること」を伝えます。
④「スタート」し地図作りを開始します。
⑤地図作りが完成したことを確認し，参加者の口がきけるようになります。リーダーによるインタビューを行います。内容は「名前を教えてください（必要であれば，お子さんの名前）」「あなたがいるここはどこですか？」「ご当地紹介をしてください」「幼児期の思い出」等，参加者の興味関心や人数によってその必要に応じて質問事項を変えたり増やしたりしてください。
⑥全体でもしくは，人数によって地域ごとのグループを作って，⑤で紹介した内容の振り返りやお互いに質問をします。

　クラス懇談会（出身地別「人間地図」）参加後のFさんの感想は，「自分だけが地方出身だと思っていましたが，県外出身の人が半数弱いたことに驚いたこと，また，自分の出身の近くの人がいて共通の話題があって嬉しかったです。」と話してくれました。また，他の人の感想を聞いて「自分だけが不安と思っていたが，みんなも何かしら子育ては大変と思っている」ことに気づき，共感された気持ちになれたことを話してくれました。
　実際に懇談会解散後もみんなと一緒に行動したり話し合ったりして母親の中でもリーダー的存在となってくれました。

　相談内容によっては，コラム1で紹介した人間地図のようなグループワークを取り入れて，仲間の問題として共有できるように取り上げていきたいものです。問題そのものを解決する前に参加者の緊張感をできるだけ取り除く方法で対処していくとよいでしょう。きっかけを作ることによって親同士の距離や垣根を外し，信頼関係を構築していけるよう支援したいものです。保護者の相談は正式に申し込まれた面談だけとは限りません。ほんの些細な会話から大きな問題を伝えられることもあります。保護者の相談を受ける際に心がけることは，個人情報厳守です。そのうえで保育者は，相談内容を一人で抱え込まず，先輩の先生にアドバイスを受けることが必要です。

保護者懇談会

課題1 3歳児クラスの保護者のことです。ある母親Aさんは，同じクラスの中の母親Bさんとの関係に悩んでいます。Bさんは，押しの強い性格でクラスのリーダー的存在です。他の母親からは頼られているようです。しかしBさんに同意する人ばかりで仲間を作る傾向になりがちで，Aさんや他の母親は仲間に入れないと感じています。Aさん自身は，納得がいかないことでも押し切られ，いやなことでも頼まれると断ることができないと感じています。

① 相談された内容をあなたなりにまとめます。

② グループ（3〜5人）を作ります。あなた以外のメンバーにわかりやすく①でまとめた内容を説明します。順番に全員が発表します。

③ グループで発表された内容を確認し，問題となることは何か整理します。

④ あなたの具体的な対応を書いてみましょう。また懇談会を計画し，その計画案を時系列にまとめてください。

保護者同士がうちとける

　ここでは保護者同士の距離や垣根を外し，信頼関係を構築していくことができるように保護者懇談会で使えるアイスブレーキングを考えましょう。

例）０歳児の保護者懇談会　　　　　日頃保育園で行っている手遊びを保護者会で子どもの様子を伝えながらおしえる

　　　　　　　　　　　　　　　　　たとえば「グーチョキパーで何つくろう」

　　　　　　　　　　　　　　　　　　　　　　「トントントントンひげじいさん」

　　　　　　　　　　　　　　　　　　　　　　　　　　　　　　　　　　　　など

１歳児の保護者会

２歳児

３歳児

４歳児

５歳児

保護者対象グループワーク企画

　保護者会で，保護者同士がうちとけるために，アイスブレーキングをとり入れたグループワークを企画することになりました。以下の項目に添って企画しましょう。

　1）どんな課題のある保護者グループですか？　保護者グループの特徴を決めて書きましょう
　　　例）新入園児と 2 歳児クラスから継続の保護者の交流課題

　2）その課題が解決したら，どういう保護者のグループになることが目標ですか？
　　　例）新入園児の保護者と継続の保護者が親しくなり子育ての悩みなどを語り合える。

　3）対象・保護者の特徴と人数を書きましょう。
　　　例）20 代・30 代の比較的若い母親 10 人と 40 代 5 人

　4）どんな場面ですか
　　　例）3 歳児　新入園時の保護者会の最初の 20 分をつかう。

　5）企画：活動内容（グループワーク）と流れを例のように箇条書きで記述しましょう。
　　　例）①　カードをひいてカードに書かれたテーマに添った自己紹介（カードには 10 種類位違うテーマが書かれている）

　　　　　ex） 私のお気に入り 　「私のお気に入りは『相棒』を見るという白山マミ子の母です」

　　　　②　「猛獣狩りに行こう」の歌にあわせて動物の名前の文字数の人数で集まる（ライオン＝4 人組，カメ＝2 人組，アゲハチョウ＝5 人組）。
　　　　③　伝言ジェスチャーゲーム：3 組（5 人ずつ）に分かれて身ぶり手ぶりでお題を前からうしろの人に伝える。
　　　　④　保護者会に入り，連絡事項や，園からのお願いを伝える。

6) 活動図を書きましょう

7) 企画作成したら実際にロールプレイしてみましょう
8) 企画書を作成し，実際にロールプレイした感想を書いておきましょう

（7）地域資源の活用・連携

1）保育園と地域

　ポストの数ほど保育園があると言われ，保育園に通わず家庭で養育している地域の子どもや保護者が養育上の相談や悩みを気軽に相談できるようにと，保育園が地域の子育て支援センター的役割を担うべきといわれはじめたのはもう四半世紀も前のことです。2001年に「待機児童０作戦」が掲げられてから，さまざまな民間保育所が雨後の竹の子のような勢いで作られていますが，地域とのかかわりはどのようになっているでしょうか。株式会社が作っている駅型保育所はこの４〜５年に急成長し，現在都内で200か所以上設置されたと言われています。

　ある企業の駅型保育所では，園庭がなく，運動会は近くの小学校の校庭を借りて行っていますが，公立の保育園や幼稚園が優先的に使用し，希望するようには，借りることができないと園長先生がなげいていました。

　その他にも保育園が地域の施設に協力を仰がなければならないことがたくさんあります。

　次の事例を考えながら地域資源の活用と連携を考えてみましょう。

2）地域の子育て支援センター的役割

　保育園ではその保育園がある地域の実情と，保育園の受け入れ条件を考えあわせて，子育て支援の日を週に何日か開催しています。週に１日だけのところもあれば毎日のところもあります。地域で子育てしている親子に保育室の一部を提供したり園庭だけ開放したり保育園の園児と交流したりといろいろな形で受け入れています。

　保育園で働く保育士はその地域の親子を受け入れる担当者となることもあります。保育園でお預かりしているお子さんや保護者の保育相談支援のみならず，地域のお子さんや保護者の子育て相談に応じることができなければなりません。

　ワーク㉝をやってみましょう。パンフレット作りですが，紙面いっぱいにあなたのアイデアで多くの地域の子どもと保護者が集まるよう工夫してつくってください。

3）保育活動と地域資源

　最初に，ワーク㉛をやってみましょう。

　次ページのワーク㉛の２事例でみたように保育所で保育活動をする時，地域資源を活用したり，連携していくことは大切です。その２つの事例では具体的に地域にどのような社

会資源や人的資源があるか具体的に知っておく必要があります。

　また，地域で子育てする保護者の悩み相談にも応じられるようにその地域の特色も知っていないといけません。それも保育士の保育相談支援の大切な内容です。

〈事例8　保護者相互の協力・連携〉
　3月半ばに地方都市から新しい団地へ夫の転勤に伴い引っ越してきたA子さんは，2歳の長男と9か月の長女を抱えて慣れない生活に四苦八苦でしたが，地域の子育て支援センターに通い始めました。
　そこでも話し相手もできず，他の子に比べてなんでも遅い長男のことが気になりだして，ある日センターで長男を大きな声で叱責してしまいました。
　心配した支援員が別室で丁寧に話を聴いてくれるうちに，色々な困難のうち，長男の発達について，保健師さんの相談につながり早生まれなので比べたらできないことも多いかもしれないが，心配はいらないことが分かり，ほっとしました。
　そして，月齢の近い子をもつ保護者の集いに誘ってくれました。そこでは安心して集うお母さん方と何時間も話すことができました。こんなに心行くまで話しをしたことがAさんには自信になりました。

子育て支援　ワーク㉛

地域資源の活用と連携

① 以下の事例について考え，グループで意見をまとめましょう。

《事例》あなたが勤めている保育園では，地域にある社会資源を知るための取り組みをしています。昨年は，保育園全体で，地域にある公園散歩を 10 回ほど行い，徒歩圏内の公園すべてを回りました。秋の発表会では地域の公園の四季を絵に描いて展示したり，拾ってきた落ち葉を使って工作した作品を展示したり，年長さんは公園で地域の人と出会ったことを劇にして発表したりしました。今年は，「地域で働く人」をテーマに 1 年間取り組もうと思っています。あなたが，この取り組みの担当保育士だったら，どのようなことに注意して取り組みますか？　具体的な年間行事を考え，具体的に取り組むときの注意点について順を追って考えをまとめてみましょう。

② 以下の事例について考え，グループで意見をまとめましょう。

《事例》5 歳児年長組の夏以降の取り組みに，小学校への移行準備があります。ここの保育園では，そのため，秋の運動会を地域の小学校の校庭を借りて行っています。運動会本番を前に予行演習や下見と称して年長組の 35 人は年長担当の保育士と一緒に小学校を何回か訪問しています。今年は，授業参観をしたり，小学校で行われる秋の発表会にも参加する予定です。あなたが，年長組さんの担当保育士だったら，年長さんがスムーズに小学校に移行するために秋から卒園までどのようなことに注意して取り組みますか？

　順を追って考えをまとめてみましょう。

保育所の地域子育て支援

　あなたの勤めている保育園で子育て支援を始めることにしました。毎週火曜と金曜日の 10：00～11：30 までですが，園庭と 1 クラスの部屋を提供しようと思っています。そのことを地域の子育て家庭に知ってもらって参加してほしいと思います。その宣伝のためにパンフレットを作って，地域の家庭や公民館，その他地域の子育て支援サークルや役所・保健センターに配ろうと思います。あなたのアイデアのパンフレットを作りましょう。

子育て支援　ワーク㉝

地域の特色と子育て支援

　ここは昭和 50 年代にできた人口 1 万 5000 人位の団地の保育園です。

　設立当初はこの地域に 3 つの保育園と 2 つの幼稚園と 3 つの小学校そして 2 つの中学校がありました。現在では保育園は 3 つそのままありますが，幼稚園はなくなりました。そして小学校と中学校はおのおの 1 校ずつとなりました。この団地ができた頃と比べて高齢者の比率は高くなりましたが，共働きの若い夫婦世帯からの保育ニーズは高いです。

　あなたは，保育園の地域行事を行いたいと思いますがこの地域の特色をふまえて，どんな配慮をしたらよいでしょうか？

○考えられる特色

○考えられる配慮

地域の特色と子育て支援

あなたの住んでいる地域の特色と，地域の子育て支援の取り組みについて調べてみましょう。

第4章

子育て支援の援助技術

1. 保育者のスキルアップ　相談援助技術の応用

　社会では昨今，待機児童解消が話題になっていますが，保育所を増設するだけで問題は解決しないようです。深刻な保育士不足があると言われています。なぜ保育士不足になるのでしょうか？　保育士養成校は，毎年たくさんの保育士資格取得者を世に送り出しています。でも新卒保育士の就業年数は3年から5年と言われています。3年から5年働くと通常の職場では中堅と言われ，新人教育や保護者支援の中核を担っています。しかし，その中堅といわれる人たちが辞めていくのです。なぜ，3年から5年働くと辞めてしまうのでしょうか。

　ひとつには，待遇の問題があげられます。昔から3K労働のひとつに数えられていました。2016年に「昨日，保育園おちた，日本死ね」というある母親のメッセージがブログに投稿されました。以来，大反響を呼び，子育て中の母親が20万人署名を集め，安心して，子育てできる体制を求めて国会を訪れました。保育士の待遇改善として賃金補助を支給されるようになりました。しかし，「保育士の待遇改善」と，「保育の質を確保すること」と問題をすりかえてはいけないと思います。保育士の待遇改善ができて就業年限が延長されても，保育士がスキルアップしていかなければ，保育環境としての保育士の役割が果たせません。そのためにはどのようなスキルアップの方法があるのかということを知り，自己研鑽だけでなく，チームとしての保育士集団の研鑽ができることが望ましいことです。

（1）アセスメント―援助課題の把握と評価

　保護者支援において，問題解決に長期的な支援が必要な場合，保護者の願いや思いと保育者のアドバイスがミスマッチにならないようにすることが大切です。さらに，子どもの育ち・個性・力への配慮も欠かせません。「保護者の願い」「子どもの育ち」「保育方針」を調整するためにも，アセスメント（援助課題の把握・評価）を通して，いま起きている問

題は何か，子どもを取り巻く環境の分析，および子どもと保護者のニーズ（身体的・心理的・教育的・社会的）を明らかにしていきます。子どもを取り巻く環境を理解するために，エコマップやジェノグラムを用いることも有効です。

1）エコマップ

　エコマップとは，子ども・保護者・保育者，その他の人々や社会資源との関係を線や記号を用いて表したものです。支援では，子ども・保護者・保育士のかかわりが重要になります。現在の関係性の把握や活用できる社会資源を把握するためにも活用できます。書き方は，中心に子ども・保護者を置いたら，その周りに関係ある人や社会資源を書き込み，線で結んでいくかたちです。線の表記の仕方により，関係の強さ（普通の関係・強い関係・弱い関係）や関係の状況（対立関係・働きかけがある等）を示します。

図4-1　エコマップ

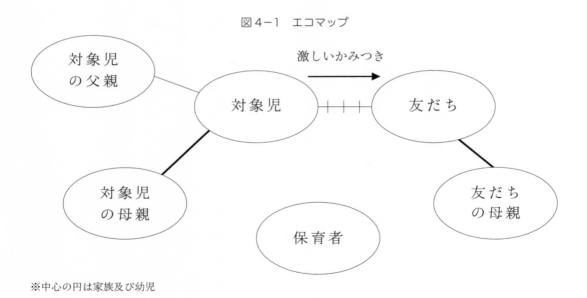

※中心の円は家族及び幼児

2）ジェノグラムとは

　ジェノグラムとは，3世代以上の家族の人間関係を図式化したものです。家族関係や人生上のライフイベント（結婚・離婚・死別など）が視覚的に理解できるため，家族関係によっておこる子どもの問題（離婚による家族形態の変化や家庭内における子ども虐待の問題など）を理解するために用いられます。

図４-２　ジェノグラム

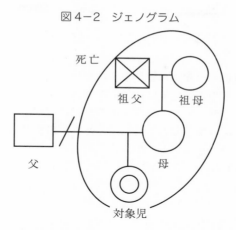

女性は〇，男性は□であらわし，人と人を線で結んでいきます。
本人は二重線で表し，死亡者は×で，離婚は斜線で示します。
また同居家族を丸で囲み，年齢などがわかればそれぞれの下に
示します。

3）アセスメントで把握する内容

① 福祉サービスの利用者のもっているニーズ・能力・人的資源・社会的資源などを分析
　　して支援目標を立てて支援を遂行する計画作成に役立てる。

② ニーズ：必要としていること

　　能力：子育て経験，情報収集力，社会性，経済力，コミュニケーション能力

③ 人的資源：協力者・親・兄弟姉妹・近所付き合い・友人・ママ友・夫

④ 社会資源：病院，保育園，役所，子育て支援施設，児童福祉施設，ハローワーク

アセスメント（援助の課題の把握・評価）

　マサオくんは，3歳児健診で発達障害が発見され，療育相談を受けると同時にさくら保育園に入所を決めました。その年の運動会では，午前中は補助の保育士に抱かれて見学し，母親のアキコさんを見つけると大泣きして，そのまま母親がそばにいなくてはなりませんでした。しかし4歳児になると，競技には参加できませんでしたが，友だちと一緒に見学できました。さらに5歳児になると，落ち着きがないものの，入場行進から午後の最後の競技までクラスの友だちに支えられながら参加することができ，母親のアキコさんも感激していました。

　いま，アキコさんは，マサオくんの小学校選びで悩んでいます。保育園の友だちがほとんど行く近所の小学校の特別支援学級にするか，30分程歩いていく特別支援学校にするかです。

　アキコさんは専業主婦で送り迎えをすることはできます。父親は公務員です。家には父親の両親もいて，アキコさんが将来働きに出ても，祖父母に送り迎えを頼むことはできます。マサオくんは妹（4歳）と弟（2歳）がいますが，将来は近所の小学校に通う予定です。園長先生や主任の保育士また副担の保育士，園医の先生，療育相談，小学校の先生や教育委員会等々と連携をとりながら相談援助をしたいと思っています。

① マサオくんの周囲には，多くの支援者がいることがわかります。
　　今後の支援体制を考えるためにも，エコマップを書いてみましょう。

② マサオくんは，発達の遅れがあり特別な支援・配慮を必要としています。
　　個別支援を検討するためにも，ジェノグラムを書いてみましょう。

（2）記　　録

　記録をつけ続けることは，一つひとつの出来事を連続して観察することでもあります。

　保育園で，毎日保護者と連絡し合うための連絡帳を記入しますが，1人の子どもの成長記録でもあります。今日の体調や食事の量，今日の出来事，子どもの反応など，健康面や必要事項を毎日毎日記述しておくと，その記録をあとから読みかえした時にいろいろなことが，わかるということがあります。筆者の長男も2歳の時，新しい保育園へ移ったことがあります。

　半年位経ったある日の保育士さんからの記述では，

> 　今日Ｔ君は保育園のトイレで排便しました。これでやっと保育園に慣れたと思います。

とありました。その後思春期に，いろいろな困難に出会いました。その頃のその記録を読みかえしてみると，息子は保育園の頃から繊細な一面があったのだと，納得することができました。

　また，

> 　Ｔ君はお散歩の途中，道端に咲くひめじょおんの花のところでしゃがんで見ていました。そして「目だま焼きのお花!!」と，言ってました。

　その頃，毎朝のように目玉焼きの朝食だったと記憶していますが，その記録をみた時，保育園の生活の様子がわかり，息子なりに五感を使って成長していると感じ，嬉しかったことを思い出します。

　記録には，その他にも，個人記録表や，日案記録のように公的に記録するもの，日記のように私的に記録するもの等ありますが，あとで読みかえすことがあるので，読みかえしたときにわかるように記述する必要があります。記録した日・時，場所，天候まで必要な場合があります。記録した人が誰であるかも記します。また，公的な記録は，誰がみてもわかるように，主語・述語がきちんと書かれている必要があります。誰が主語なのかを明確にします。

　ある作業所（就労支援移行事業所）で働く利用者から，「自分が希望する公園で清掃をしたいのにさせてもらえない」という苦情が寄せられたことがあります。その利用者の個別支

援計画をみせてもらったところ，短期目標に「決められた作業をきちんと行う」。長期目標には「人の話を素直に聞く」と書かれていました。この短期目標と長期目標では，利用者本人が，短期：「私は，決められた作業をきちんと行います」，長期：「私は，人の話を素直に聞きます」と，いったとは解釈できませんでした。むしろ支援職員が，主語で，短期：「私は，決められ作業をきちんと行える人になってほしい」，長期：「私は人の話を素直に聞く人になってほしい」と読みとれました。

　本当に「人の話を素直に聞く」という目標を本人がもっているんだろうか？　と感じませんか？　むしろ「自分が，気持ちよく働いたり，自分の希望する公園で清掃して，人の話を素直に聞けるように整備された環境で私は気持ちよく働きたい」というほうが利用者の目標ではないでしょうか。

　これは，個別支援計画で長期目標や短期目標の主語は利用者本人であるのに，支援計画を立てる職員の目標になってしまったというまちがいをおかした事例でしたが，目標の主語がちがえば支援の方法もまちがえてしまいます。

　第三者がみたので，そのまちがいに気づくことができました。記録は家族や第三者も見ます。検証するのには重要な資料となります。

　また作業日誌などが正確に記録されていたことで，記録者が利用者をケガさせたと罪に問われた時，その記録から，その時間に利用者と接触していないことが判明して冤罪からまぬがれたということもあります。逆に，医療現場で医療ミスをかくすために，カルテを改ざんした例もあります。それはあってはならないことです。

　記録は裁判でも証拠となるものです。正しくうそは書かないということが前提です。

・誰が読んでもわかる文章を心がけましょう。

・また誰が主語なのかわかるように記述しましょう。

・一文に一主語一述語となるようにしましょう。

子育て支援　ワーク㊱

記　録

次の文章を，（例）のように正しく誰が読んでもわかる記述にして下さい。

（例）

　　朝からけんかをして，やつあたりで，年長さんの部屋の引き戸をけとばしたので，倒れた。ガラスがとび散り皆集まってきたので，Ｋ君とＪ君の二人をしかった。

　　Ｋ君とＪ君が登園して間もなく，園庭にある三輪車をとりあいけんかになった。Ｋ君が三輪車をひとりじめしたせいでＪ君が，年長の部屋に入ってくるなり入口の引き戸をけとばした。その瞬間引き戸ははずれて倒れてしまった。
　　倒れた時ひき戸にはまっていたガラスが割れて周囲にとび散った。その時登園していた子ども10人位が集まってきたが，ガラスの破片がどこまで飛び散っているかわからなかったので，副担任のＥ子さんに子どもたちをつれて園庭に出てもらった。
　　ガラスの後片付けが終わって，Ｊ君に話をきいた。Ｋ君にも，三輪車を使う順番を決めるように言った。

① 実習日誌の一部分です。あなたはどこか書き直した方が良いと感じるところがありましたか？あったら書き直してみましょう。

午前中：自由活動
昼食後：乾布摩擦後，パジャマに着替えて午睡
　　　　記録を書く。
３時：おやつ
４時：園庭に出て遊ぶ。
今日は一日子どもの活動を観察した。なにも問題はなく楽しい一日だった。明日も頑張ります。

② 連絡帳に書かれた文章の一部分です。ここを修正したらもっと良くなると思う部分はありますか？　あったら書き直してみましょう。

> **10月11日（木）晴れ　記録者　山川**
> ○食事　全量食べました。
> ○おやつ　全量食べました。
> ○排便　ありませんでした。
> ○ひろみちゃんは，午前中のお散歩の時，なな子ちゃんと手をつなぎました。ななこちゃんがつまずいてころんだ時，ひろみちゃんもころんでしまいました。二人ともケガをして，ひろみちゃんは，鼻の頭をすりむいています。園に帰って手当てをしたので心配ありません。

⇓

③ 誰でもわかる記述をするにはどういう工夫が必要ですか？

（3）ケーススタディ

　ケーススタディとは担当した事例について，関係職種の職員と事例を検討し，多面的な解釈や解決方法について研鑽することです。実際の事例を使って検討してみましょう。

　6人位のグループで話し合い，ケーススタディの大切さを体験しましょう。

　事例：尾高圭くん（11歳）は小学校入学と同時に，この愛光児童養護施設へ入所しました。小学校入学前就学健康診査で虐待が疑われ，児童相談所の相談員がかかわる中，母親が「圭を育てられない」と意思を表明しての措置でした。

　この施設では，尾高圭くんが中学入学と同時に家庭に帰ることができるのではないかと検討を始めることになりました。ワーク㊲〜㊵をまず一人で考えてやった後，1グループ6人程度のグループで話し合い，グループとしての支援計画を立てましょう。

尾高圭くんのケース記録から

《家族》

祖父 72 歳，祖母 68 歳は近県にて農業を営む。

父 46 歳　長距離トラック運転手。

母 29 歳　中学卒業以来現在まで母方の祖母（49 歳）が経営するスナックの手伝い。

弟 9 歳　小学校 3 年生。野球チームでピッチャー。走ることが得意。

弟 7 歳　小学校 1 年生。少年サッカーチームに入っている。記憶力が良く，祖父母から可愛がられている。

妹 4 歳　保育園年中（圭君が施設入所後誕生），両親のご機嫌をとるのが上手。

《出産時》

体重　1698g

身長　45cm

妊娠 36 週目に出産。

《生育歴》

　母が 17 歳の時に妊娠し，圭くんが生まれてから入籍したものの夫は長距離トラック運転手で，3 日から 1 週間程度家を空けることが多く，また，家に帰ると飲酒により泥酔し，記憶を失うなど精神的に不安定な時期が長かった。

　圭君は未熟児で 1 か月間の保育器での保育が必要で，退院後も母はどのように扱ったらいいか，わからず保健師の家庭訪問の際にもネグレクトが疑われた。

　しかし祖母も近くに住み，祖母の経営するスナックを母が手伝う時，圭くんも店につれて行くなど，圭くんと母 2 人だけでなく周囲の人の手助けも期待できたため，様子経過観察となった。1 歳児健診，3 歳児健診時にも身長・体重・言語とも発育不足が指摘されていた。性格が内向的で，憶病なところがあるが知的に遅れはなかったため，経過観察となった。

　圭君は，保育園にも幼稚園にも通わず，母と二人あるいは父や祖母など，身内の大人との接触はあるが，同年齢の子ども同士での接触は少なかった。

　小学校入学前就学検診で，身体的虐待（あざややけど）が発見された。母は，夫の暴力や経済的不安，下に生まれた弟 2 人の面倒が大変なことや，育てにくさ，相性のわるさなどから，「圭君を育てる自信がない」と育児放棄を宣言したため自宅と同県にある本児童養護施設措置となった。

《性格》

　おとなしく自己主張が少ない。幼さがあり気の合う同じようにおとなしかったり寡黙な同性の友達と，お人形あそびやおみせやさんごっこあそびなどをすることが好き。

　気のある友達とは楽しそうに遊ぶが普段は目立たない。

子育て支援 ワーク㊲

ワーク①　尾高圭くん（11 歳）の事例

問い　尾高圭くんの事例を検討し，家庭復帰支援計画を作成するために最低限必要な情報は何でしょうか。あなたが知りたい情報を，どのような形で入手しますか？

最低限必要な情報は？	どこからその情報を入手しますか？
例①　尾高圭くんの家族構成	ケース記録から
例②　尾高圭くんは家に帰りたがっているか？	担当の保育士が日常生活場面で圭くんの意思を聞きとる

ワーク② 尾高圭くんの家庭復帰支援計画
得られた情報から分析・解釈する

設問1 ワーク①から得られた情報から以下のできること（持てる力・可能性）とできないこと（支援が必要なこと）を分析して下さい。

	圭君	家族
できること		
できないこと		

設問2 上の分析から支援が必要なこと（ニーズ・課題）を見つけて下さい。

1.

2.

3.

4.

5.

ワーク③　尾高圭くんの家庭復帰支援計画
目標を作成する

設問　ワーク②のニーズ・課題を支援し，解決までの期間を長期・中期・短期に分けて目標を
　　　設定しました。（　）の中にあなたの考えた目標や，基本的な支援計画を記入して下さい
　　　（主語は圭君または家族）。

期間	目標	支援計画
○長期目標）：２年後（中学入学まで）	家に帰って，家から中学に通う。	
○中期目標：１年後（小学校６年生までに）	家に帰ることができるという自覚が，圭君にも家族にもある。	
○短期目標（中期目標を達成するための　１か月ごとの達成目標）		
圭くんが小学校５年生の３月にスタッフの中で検討を開始する	圭君の今までの経過や現在の家族の情況をふまえて毎月１回の面会時父母兄弟のファミリーカウンセリング，面接をする。	
４月　５年生に進級	５年生に進級	
５月　母の日	お母さんが大好きという気持ちが言える。	
６月　父の日	お父さんにありがとうという気持ちが言える。	
７月　海の日	兄弟と一緒に遊ぶことが楽しいと言える。	
８月　夏休みキャンプ	家族が一緒にいることが心地良いと感じる。	
９月　敬老の日	（　　　　　　　　　　　　　）	
10月　圭君の 12 才の誕生日	（　　　　　　　　　　　　　）	
11月	（　　　　　　　　　　　　　）	
12月　クリスマス	（　　　　　　　　　　　　　）	
１月　お正月	（　　　　　　　　　　　　　）	
２月	（　　　　　　　　　　　　　）	
３月　春休み	（　　　　　　　　　　　　　）	

ワーク④　支援計画作成上の留意点

設問1　ワーク③で長期・中期・短期に分けて目標を設定し，支援計画を作成しましたが，支援計画を作成するために必要な配慮や留意すべき点はどういうところですか？

設問2　支援計画を実践した結果を予測し，その評価を予測して下さい。

設問3　支援計画を実践した後「中学入学までに，圭くんは家に帰り，家から中学校に通う」ことができました。
　　その後モニタリングはどのような視点が必要でしょうか。必要なモニタリングを計画してみましょう。

例：最初の1年間は1か月に1回家庭を訪問し，家族生活の様子，中学校生活の様子をモニタリングする。

（4）スーパービジョン（supervision）

1）スーパービジョンとは

『臨床心理学辞典』（1999）には，スーパービジョンとは，「カウンセラーが自分のカウンセリング，スキルの不十分な点に気づくために受ける面接のことをいう」とあります。また，「熟練した臨床家の指導監督を受けながら，すなわちスーパービジョンを受けながら，心理療法を行う。この場合指導監督をする者をスーパーバイザーという」と解説されています。指導監督をする者をスーパーバイザーと呼ぶ一方で実際に指導監督される者はスーパーバイジーと呼ばれます。

一方，わが国の社会福祉の対人援助専門職分野では，ソーシャルワークを実践している人に，監督指導，査察指導を行うこととされています。査察指導という言葉は生活保護を担当するケースワーカーが使う言葉ですが，公的な福祉機関における管理機能のひとつとされています。

福祉分野ではイギリスで発祥した慈善組織協会（community organization society ＝通称COS）運動がアメリカに伝わった後，COS の活動を支えていたボランティアの友愛訪問員の教育や訓練や指導を COS の有給職員が行っていたことがスーパービジョンの萌芽であるといわれています。本格的に，その概念が確立し，定着したのは，専門的な訓練を受けた常勤の援助者への，スーパービジョンの効果が評価されはじめた頃です。それは，アメリカの臨床心理の発展時期とほぼ一致しています。スーパービジョンは，ソーシャルワークの知識・技術をもつ人が，少ししかもたない人に対する訓練をする教育課程のことであり，熟練カウンセラーがカウンセリングスキルが不十分な者を指導監督することです。

心理の臨床分野や，福祉の臨床分野で対人援助を専門とする職業に就いている人にとって，先輩の経験と知識に裏づけされた指導を通して知識と実践とを結びつけていく過程は重要です。現代社会では上記の分野に限らず看護・医療・保健分野やまた企業でも OJT（on the job training）が有効であると認められています。OJT は業務活動の中で，上司や先輩からの指導・助言を得て，職務遂行に必要なスキルの習得を目的に行われていますが，職場環境が大きく変わる中，上司や先輩のスキルレベルよりも，若い新人の部下の方がまさっている場合があります。たとえば，パソコンやスマホ等の情報機器の扱いについては上司が部下から教えてもらうこともあります。そういった現代では，職務スキルの教育・訓練よりも，目標の達成を管理するというような管理的側面・機能に重きが置かれていると言われています。

しかし，対人援助職の場面では経験から得られる知恵を上司や先輩から教えてもらう，スーパービジョンは重要です。

　対人援助職においては，①教育的側面・機能や，②支持的側面・機能，また近年では，③評価的側面・機能（スーパーバイジーの能力評価）などが，④管理的側面・機能と同等，あるいはそれより一層重視されています。これらの側面・機能をスーパービジョンは備えているのですが，日本語では「専門的助言」と訳されています。

　さて，保育士はどのような場面でスーパービジョンが重要なのでしょうか。

　新人職員が，就職した保育所で与えられた仕事を一人でやりとげることができるまでに，1年〜3年という期間が必要と言われています。

　1年間という期間の中で4月，新入園児や，ひとつ上のクラスに進級して新しい仲間を迎える子どもたちの生活のスタートに始まり，1年間の園行事や，子どもたちの成長の姿に応じた生活支援を，経験します。

　3年間という期間の間には，3歳児で入園した子どもたちが卒園するまでの間に送る生活や，成長の姿を観察し，その間の生活支援を経験することになります。そうした，一連の流れを体験した頃にはスーパーバイザーとなります。

　それまでの間には保育士は新人と呼ばれ，初めての体験を繰り返し，先輩職員に何を学べばいいか，なにを質問したらいいかすらわからないで失敗を重ねる経験をするかもしれません。

　職場としてOJTやスーパービジョンの制度があるとよいのですが，なかなか制度として行えていない場合もあります。そんな時，新人であるみなさんが子育て支援の授業でスーパービジョンを学んだみなさんは自らをスーパーバイジーと位置づけてみるとよいと思います。先輩職員はみなさんのスーパーバイザーです。自分たちから積極的に先輩にスーパービジョンを受けていく姿勢があるとよいと思います。

　OJTやスーパービジョンの制度が職場にあり，その時間をとって，面接室や会議室で行う場合，構造化された（場面）スーパービジョンと言います。しかし，日常生活や就業中に，専門的助言なり教育的・指示的助言なりを得ることがあります。それを構造化に対して非構造化スーパービジョンと呼んでいます。

　まさに新人保育士のみなさんが日常の保育場面で困った時，先輩にどうしたらよいかと聞く場面は非構造化スーパービジョンと言えます。

2）非構造化場面のスーパービジョン

〈事例９〉　あなたは，さくら保育園にこの４月から就職しました。３月中に研修をかねて，保育園で手伝いをしていたので，保育園の生活の流れや，クラスの雰囲気や，園長先生や主任の指示の傾向には慣れていましたが，４月１日付けで２歳児11人のクラスを先輩のＡ子保育士と２人担任でもつことがわかりました。２歳児クラスの担任になってショックだったのが，自分の目の前でさや子ちゃんが晴男くんの背中をガブリと噛んでしまったことです。すぐに二人を引き離して，晴男くんの背中にＡ子先輩は水で冷やしたタオルをあて，はずれないようにあなたにタオルをおさえているように指示して，冷蔵庫から氷を取り出し，ビニール袋に入れもってきてタオルの上から冷やしました。

　あとから先輩は，２歳児ではまだ言葉で上手に相手に自分の意志を伝えられないので，つかみあいやかみつきが起こりやすいことを聞きました。そういえば大学の乳児保育の授業で聞いたことがあったなあと思いました。しかし晴男くんの背中の傷を見た時，歯の形に血がにじんでいたことや，晴男くんが大声で泣いていたことをあとから思いだすたびに，ひや汗が出てきました。

　午睡時に子どもたちをねかしつけた後にＡ子先輩は，「今日は驚いたでしょう。大丈夫？　年度初めだったので２歳児の発達の特徴や２歳児クラスの生活の中で担任が注意することなどを十分伝えることができなくてごめんなさい。あなたのさっきの表情が，泣き出しそうだったのですごく驚いて，ショックだったんだろうなぁと思ったの」「こういうことは少なくないのよ」と言葉をかけてくれました。さらに「はるおくんのおかあさんがお迎えにきたとき，私から説明しましょうね。説明しないと，家に帰っておかあさんがはるおくんの背中の歯形を見たらビックリしちゃうでしょう。２歳児は『貸して』とか『順番に使おう』という言葉を獲得する前に欲しいものがあると，噛んだりつねったりすることがあるの。担任も注意をしているけれどそれは突然だし，力加減がないから，力まかせだからね。しかも爪あとや歯形が残るから，保護者にも事前に説明したかったんだけれど，今度の保護者会で説明するつもりだったのよ。でもその前に起こっちゃった。２歳児クラスも後半になると，皆，『貸して』とか『順番』とかいってうるさいくらいになるの。そうしたらつねったりとか，噛みついたりがなくなるのよ。あなたも学校で２歳児の発達は学んだと思うけどみると聞くとじゃ大ちがいの現実に目の前で遭遇し，体験するとビックリしちゃうわね。私も新人の時そうだったからわかるわ」とやさしく話をしてくれました。あなたは，そんな先輩の配慮をありがたいと思いますか？　それとも迷惑と思いますか？

　次に，２つのワークがあります。１つめのワーク㊶は，上記のＡ子先輩の事例をＡ子先輩がスーパービジョン記録に書いたものです。あなたは事例９をよく読んでワークの中の（　）の中にせりふを書きましょう。２つめのワーク㊷はある事例10についてあなたがスーパービジョン記録を書きます。

〈事例10〉 あなたは0歳児9人クラス3人担任のうちの1人です。他の2人は，あなたより若く，そのうちの1人は新人です。新人のI子さんはおむつのとりかえも，授乳も大変時間がかかります。4月も3週間をすぎるころ，大変落ちこんだ様子のI子さんに気づきました。子どもを抱くのにも，授乳も，オムツがえも，送り迎えの保護者と会話することにも自信がもてないといいます。先輩のあなたが，そんなI子さんに声をかけ非構造化場面スーパービジョンを行いました。その記録のつづきをあなたが記録者となって書きましょう。

　また，スーパービジョンはスーパーバイザー1人にスーパーバイジー1人がスーパービジョンを受けるという形式だけではありません。

　グループスーパービジョンと呼ばれ，スーパーバイザーが1人か2人で，スーパーバイジーが複数人のグループでなされることがあります。

　新人保育士さんを集めて毎週1回，1年間，園長や主任保育士が，園児の家庭事情や，子育てをめぐって，事例検討を行っています。養成校を卒業し，保育士資格を取得して就職しても，現代社会の子育て事情や複数の問題をかかえる家庭の理解は不十分な点があるという理由です。まさに子育て支援の授業を新人の1年間は受けることができるのですが，グループスーパービジョンという形式をとっています。

　またピア・スーパービジョンという形式があります。ピアとは仲間という意味です。仲間同士で，スーパービジョン（指導・監督）をするというような意味あいです。保育園で保育士の自主研修として，事例を持ち寄り，月に1〜2回のペースで事例検討会をしています。

　保育士がこういった自主研修を行う機会をもつと，職場の雰囲気が良くなります。また自然と，保育士間で補い合い，助け合うことができるようになります。困難事例を抱えている後輩保育士に自然と寄り添いなにかあったら手助けしてくれる先輩保育士がいるというのは，安心した職場環境といえます。

非構造化場面のスーパービジョン①

日時	20□△年４月Ｘ日（水）14：15〜14：30	記録	佐川Ａ子
場所	さくら保育園２歳児午睡室		
	助言者：佐川Ａ子 スーパーバイジー：（あなたの名前を書いて下さい。）		
スーパーバイジーの特徴	今年３月から，就職が決まっているさくら園の研修として保育補助を２週間行っていた。明るく前向きな性格が当時から好感が持てた。４月１日の辞令で私と２歳児クラスの担任となった。午睡前にはるおくんが背中をかみつかれ手当てをしていた時，ショックを受けていた様子が窺えた。		
スーパービジョンの経過記録	Ａ子：「今日は驚いたでしょう。大丈夫？」 あなた：「大丈夫です。でもひや汗が出ました」 Ａ子：「そうね。年度初めだったので，２歳児の発達の特徴や２歳児クラスの生活の中で担任が注意することなど十分伝えることができなくてごめんなさい」 あなた：「（ 　）」 Ａ子：「あなたのさっきの表情で，泣き出しそうだったので，すごくショックだったんだろうなあと思ったの」 あなた：「（ 　）」 Ａ子：「こういうことは少なくないのよ」 あなた：「（ 　）」 Ａ子：「はるおくんのおかあさんがお迎えにきたとき，私から説明しましょうね」 あなた：「（ 　）」 Ａ子：「説明しないと，家に帰っておかあさんがはるおくんの背中の歯形を見たらビックリしちゃうでしょう」 あなた：「（ 　）」 Ａ子：「２歳児は『貸して』とか，『順番に使おう』という言葉を獲得する前に，欲しいものがあると，かんだりつねったりすることがあるの」 あなた：「（ 　）」 Ａ子：「担任も注意しているけれどそれは突然だし，力加減がないから，力まかせだからね。しかも爪あとや歯形が残るから，保護者にも事前に説明したかったんだけれど，今度の保護者会で説明するつもりだったのよ。でもその前に起こっちゃった」 あなた：「（ 　）」 Ａ子：「２歳児クラスも後半になると，皆，『貸して』とか『順番』とか言ってうるさいくらいになるの。そうしたらつねったりとかかみついたりがなくなるのよ。あらかじめそういうことがわかっていたら，お互いさまだからと言ってくれる場合が多いの」 あなた：「（ 　）」		

	Ａ子：「あなたも学校で２歳児の発達は学んだと思うけど見ると聞くとじゃ大ちがいの現実に目の前で遭遇し，体験するとビックリしちゃうわネ」 あなた：「（　　　　　　　　　　　　　　　　　　　　　　　　　）」 Ａ子：「私も新人の時そうだったからわかるわ」 あなた：「（　　　　　　　　　　　　　　　　　　　　　　　　　）」 Ａ子：「あなたは驚くような出来事に出会いながら一つひとつその経験を保育のスキルにしていける前向きな明るさがあるわ」
うまくいったところ	まだ新人で経験が浅く，本当にショックをうけた様子から声を掛けてみた。最初はおもいつめていたような表情だったが，最後には緊張がほどけた様子で，前向きな口調となった。あなたの緊張と頑張りを私が評価していることを伝えることができた。
うまくいかなかったところ	あなたに，もっと前に２歳児の発達と生活上の注意点について伝えておくべきだった。それを経験していた先輩として，反省している。あなたの気持ちをもっと丁寧に聴いてあげることも必要だった。
感想	２歳児クラスの担任の先輩として，伝えておきたいことはたくさんある。もっと新人担任へかかわっていく必要を感じた。私もふりかえると１年目はもう気分がいっぱいいっぱいだったことを思い出していた。あなたにもっと配慮していくべきだった。また，お預かりしている２歳児だけではなくいろいろな価値観や生活体験をもつ保護者がいるため，保護者への配慮も必要となる。そのことも伝えていくことが大切と感じた。

このワークをした感想を書いておきましょう。

子育て支援 ワーク㊷

非構造化場面のスーパービジョン②

日時	20 △□年４月Ｘ日（木）13：30～14：00	記録	あなたの名前
場所	植草保育園０歳児室		
	助言者：（あなたの名前） スーパーバイジー：古澤Ｉ子		
スーパーバイジーの特徴	（　　　　　　　　　　　　　　　　　　　　　　　　　　　　　）		
スーパービジョンの経過記録	あなた：「Ｉ子さんとても暗い顔をしているけれどどうしたの？」 Ｉ子：「実はこのところ疲れていて」 あなた：「そう，どうしたの？」 Ｉ子：「思い描いていた以上に赤ちゃんは大変です。泣きやんでくれないし，オムツがえもさせてくれないし，おちちも飲んでくれません」 あなた：「（　　　　　　　　　　　　　　　　　　　　　　　　　　）」 Ｉ子：「それに，記録を書くと，もうすぐ保護者がお迎えに来て，まだ記録を書き終わらないのにお迎えが来たときは，泣きそうでした」 あなた：「（　　　　　　　　　　　　　　　　　　　　　　　　　　）」 Ｉ子：「先輩の真似して一所懸命やってたんですけど，もう疲れてしまって……」 あなた：「（　　　　　　　　　　　　　　　　　　　　　　　　　　）」 Ｉ子：「そうですか？　皆そうだったんですか？　先輩ははじめからテキパキと仕事をしていたんだと思っていました」 あなた：「（　　　　　　　　　　　　　　　　　　　　　　　　　　）」 Ｉ子：「記録をつけ終わらないときはどうしたらいいんですか？」 あなた：「（　　　　　　　　　　　　　　　　　　　　　　　　　　）」 Ｉ子：「先輩におねがいしてもいいんですか？」 あなた：「（　　　　　　　　　　　　　　　　　　　　　　　　　　）」 Ｉ子：「はい。一人でしなきゃと気を張っていました。それでもできなかったので」 あなた：「（　　　　　　　　　　　　　　　　　　　　　　　　　　）」 Ｉ子：「そうなんですか？　こんな私でも少しは，良いところがあるんですね」 あなた：「（　　　　　　　　　　　　　　　　　　　　　　　　　　）」 Ｉ子：「わかりました。先輩たちの足を引っぱらないように，でも子どもの成長にあわせて私も成長していきます。ありがとうございました」		

うまくいっ たところ	（　　　　　　　　　　　　　　　　　　　　　　　　　　　　　　　）
うまくいか なかったと ころ	Ｉ子さんは先輩である私たちに何を聞いたらいいのかすらわからなかった。それは一人で頑張ろうとする傾向と周囲の先輩と同じ仕事ができていないという比較する心があったからだと思う。そんなに気負わせていた緊張は，ひきつづきよく理解してあげないと簡単にほぐれないと思った。
感想	Ｉ子さんは先輩である私たちに何を聞いたらいいのかわからないということを言ってくれた。どんなに疲れてつらかっただろうかと思う。今後３人のクラス担任で話し合って仕事の分担を考えていきたいと思った。

このワークをした感想を書いておきましょう。

（5）研　　修

保育者がスキルアップしていく方法に，研修があります。就職した職場内で行う新人研修や，３年目研修，リーダー研修などで，その職場で必要な技術や知識，管理能力を習得したり共通理解しておいた方がよい情報について伝達されます（人権教育，等）。

職場外で仕事に必要なスキルを学ぶために研修をうけることもあります。必要に応じてカウンセリングスキルの講座を受けたり，リトミックや絵画造形に関する講座，あるいは，近年の子どもの理解のために行われる講座などさまざまですが，保育士対象の講座は夏休みなど参加しやすい時期に集中する傾向にあります。

都道府県市町村等の行政が主催するものや大学や研究所，専門分野の NPO などが行う講座などさまざまですが，自分が今，どのような研修を受けることが第一優先かを考えて選びます。

次のワーク中の事例は，ある行政が主催した保育士の研修です。あなたはこの事例を読んでどのようなことを感じますか？

全国保育士会倫理綱領には，（専門職としての責務）として「8　私たちは，研修や自己研鑽を通して，常に自らの人間性と専門性の向上に努め，専門職としての責務を果たします。」とあります。

倫理綱領は，保育士という専門職が大切にして守っていくことを，社会に約束するということで作られています。

逆に倫理綱領があるということは，社会に対して，私たち専門職はこういうことを大切にしていくことを約束します，と明言しているものですから，この全国保育士会倫理綱領に書かれている「専門職としての責務」として研修や研鑽をすることは，約束を守ることになります。

保育士が社会から専門職として認められる担保としてこの倫理綱領があり，保育士は倫理綱領を守らなければなりません。

（6）コンサルテーション（consultation）

コンサルテーションとは，情報提供と助言の総称という人もいます。『臨床心理学辞典』（八千代出版，1999）では「人間関係の１つで，互いに分野の違う専門性を有し，互いに情報を共有するために，関係を結び，互いに強制されることなく自由に情報を伝えあうことができる環境を作り，互いに情報を交換しあうこと。指導的であったり助言的であることも

研修事例

　この研修は日頃保育士が感じている保育上の悩みや困難な場面について，どのようにしていったら良いか保育の質の向上のための研修です。

　この日40名近くの保育士たちが各園から研修に集まってきました。初対面の人も多く，自己紹介を兼ねたアイスブレーキングの後，5〜6名のグループに分かれて，話し合いをすることになりました。テーマは「日頃感じている保育上の悩みや困難について」です。

　各グループで進行役が話し合いを進めました。最後に各グループでどのようなことが話し合われたかの発表がありました。半数以上のグループでは，日頃の悩みや，保育上の困難について他の保育士の取り組みや工夫をきいて，困難が解決できそうだという話がされたという発表があった中で，どうしたらいいか解決案が見出せないと発表したグループがありました。そのグループでは年長クラスの担任が，なかなか園児がルールを守らない，小学校に入ったら守らなければならないルールがあるのに，どのようにしていったら年長児がルールを守れるようになるのか良い方法がみつからなくて困っている，という内容でした。

　その日の研修会の講師として県で指導を行っている保育指導者は，「具体的にどのような場面でしょうか？」と質問しました。「たとえば園庭で遊んでいる時『手を洗ってから部屋に入りましょう』と声をかけると手洗い場に並ばず我先に手を洗おうとするので押し合いになって危ない。『並んで』『並んで順に洗う決まりを守りましょう』と大声で言ってもきかない。また，食事の前に手を洗うと決まっているのに守らなかったり，それだけでなく年長になるとうさぎやめだかの世話係とか，お花のお水係とか決まっているのにやらない」というこたえが返ってきました。

　そのグループのメンバーは5人です。それぞれの園では同様の様子です。今回の出席者に講師は「同じ悩みを持っている人？」と挙手させました。3分の2以上の保育士が手を挙げました。

① あなたの勤めている保育園で，同じように年長さんがルールを守らない状態があったとします。あなたはどうしますか？　良い解決方法やアイデアがあったら記述して下さい。

② 良い工夫がみつかりましたか？　クラスの他の人の意見も聞いてみましょう。たくさんの人の意見を聞くことによって，自分一人で考えることとの違いがありましたか？　あったら次にわかったことや感想を書いておきましょう。

┌───┐
│   │
│   │
│   │
│   │
│   │
│   │
│   │
│   │
└───┘

　さてこの研修で講師は，「このルールは誰の作ったルールですか？」と質問しました。そこでさらにご自分が園長をされていた保育園での出来事を話されました。

　ルールが全くない園だったそうです。年長クラスに乱暴をする男の子がいたそうです。自分の思いを伝えられない時大声を出したり，近くにある物を投げたりしたそうです。同じ年長クラスの子どもたちが一所懸命考えて，一人ひとりの子どもがどういう時に大声を出したか，近くにあったものを投げつけたか，ということを話していった時，その男の子は，そういう乱暴な行動をする前に，ジーっと見ていることがあるということがわかったそうです。ある子どもは「自分が遊んでいる道具を貸してと言いたかったんだ」と気がつき他の子も「私が，お母さんごっこしていたとき見ていたからきっと一緒に遊びたかったのかもしれない」と話しました。それから「何を見ているのか何をしたいのか聞く，ということを皆でしよう」というルールができたそうです。皆で決めたのでそのことは，大切に守られて，男児も大きな声を出したり乱暴な行動をとることは少なくなったそうです。

　その時会場から一人の保育士が手を挙げて「先生，わかりました。私たちが決めたルールをおしつけていたんですね。子どもたちはそのルールがなんで必要かわからないのでおしつけられていたんですね。年長になったら友だち関係を調整する力が出てきますから，自分たちで考え自分たちで快適な生活を作る力を信じて，もっと育てなくてはいけないということがわかりました」と発言しました。

③　あなたは，この事例を通して，研修の意義を感じましたか？　研修について感じたことを書きましょう。

┌───┐
│   │
│   │
│   │
│   │
│   │
│   │
│   │
│   │
│   │
│   │
└───┘

ある。スーパービジョンもコンサルテーションワークの1つである」と説明されています。

　スーパービジョンはどちらかというと同職種間での専門的助言ですがコンサルテーションは，異職種間の専門的助言といってもいいと思います。またスーパービジョンの監督・指導や，管理的側面は，命令に近いですが，コンサルテーションでは，コンサルテーションをうける方もする方も同等だったり，コンサルテーションをうけても，その通りにするかしないかはうける側の判断によるという場合が多いようです。

　128ページの尾高圭くんの事例を使い，コンサルテーション場面を体験します。

　次の4つのロールプレイ事例をワーク㊶に従って，やってみましょう。

〈尾高圭くん　家庭復帰支援のロールプレイ事例〉
1．施設職員会議のロールプレイ
　　　131ページの各チームで立てた支援計画を持ち寄り施設としての支援計画を決定します。決定するまでの流れのうち，ある1場面を10分程度にまとめて台本を作ります。各チームの計画を持ち寄った人の役割を決めます。それぞれのセリフを考えます。
2．担当職員と尾高家の家族との話し合い場面のロールプレイ
　　（圭くん本人が入っても入らなくてもよい）
　　　「最初に家庭復帰を提案する場面」「父親にアルコールミーティングを勧める場面」「家族関係を改善するためのセラピー場面」など場面は自由に設定してよい。役割を決め，その場面の話し合いの台本を作ります。10分程度にまとめます。
3．担当職員と地域関係者との打ち合わせロールプレイ
　　　尾高圭くんの家族が住んでいる地域の関係者（尾高圭くんが家庭に帰るとしたら連絡を取り合っていなければと思われる関係者）へ尾高圭くんが家庭に帰るために必要な話し合いと情報共有のための打ち合わせ会議を行います。打ち合わせには，どのような地域関係者を呼べばいいか考える。役割を決め，セリフを考え，10分程度に台本をまとめる。
4．中間カンファレンス
　　　支援計画に従って1年間支援した後（圭くんが6年生になる時）に行う会議。今後はじめの計画通りに支援してよいか修正が必要か，モニタリングを行う。会議参加者は自由に決めてよい（圭くん家族を入れても入れなくてもよい）。会議参加者の役割を決め，セリフを考え，台本を作る。

子育て支援 | ワーク㊹

コンサルテーション・
尾高圭くん家庭復帰支援計画

① 4つのチームに分かれて劇仕立ての台本を作り，演じます。

② 各チームは次の1〜4のコンサルテーション場面を1つずつ担当し，話しあって各々の場面にふさわしい台本を作ります。

③ その際に，グループメンバーが全員セリフを言える台本を作ってください。

④ グループメンバーが1人ずつどういう役割なのかわかるようにネームプレートを作り首にかけます。

⑤ 台本は10分程度で演じられるようにします。

⑥ 台本ができあがったら練習をしながら仕上げます。

⑦ 各チームとも⑥までできたら1チームずつ演じます。

⑧ 演じた後，観察者からの質問に答えます。

⑨ 最後に演じてみてわかったこと，演じて感じたことを1人ずつ発表します。

⑩ ⑧と⑨をシェアリングといいます。シェアリングは10分程度とします。

☆あなたはコンサルテーション場面の台本作りや，実際演じてみて，何かわかったこと，感じたことはありましたか？　それを下欄に記述して下さい。

☆コンサルテーションについてわかったことを記述して下さい。

（7）連携（リエゾン liaison）

　連絡・連携のことを英語ではリエゾンと言います。コンサルテーション・リエゾン精神医学という用語がありますが，他の診療科と協力して，患者の診療を行う精神科領域のことをいいます。

　心身症ではとくにこのリエゾン精神医学が求められると言います。人間の身体に症状が出る，たとえば胃かいようであるとき，胃かいようという身体症状を治療することに専念して治ってもすぐに，症状がぶり返すことがあります。そういう人の中には身体症状の治療とともに，精神医学的診断と治療を必要とする場合もあります。そのような場合精神科医は内科医や外科医と協力して診療を行います。コンサルテーションとは，相談・助言という意味ですがコンサルテーション・リエゾン精神医学を行う場合，単に他の診療科と連携して，相談助言を得るという意味だけでなく，どの領域の専門家と協力するかなどの判断において，幅広い見識が求められます。

　ソーシャル・サポート・ネットワークという言葉が，福祉分野であるソーシャルワークや，介護の分野で使われています。直訳すると，社会的支援網で，たとえば，介護サービスを必要とする高齢者が地域で生活している時，その高齢者の生活に必要な手段や，サービスを連携して使う場合のネットワーク化をはかっていくと言います。これも連携です。

〈事例11　地域資源との連携・地域交流の活用〉

　月齢の近い子をもつ保護者同士が話せる場所を探して，乳母車で入れる喫茶店をみつけました。
　そこは団地の中の建物で，1階は高齢者のデイサービスや地域包括支援センターがありました。2階以上は高齢者の複合施設（特別養護老人ホーム・シルバーピア・サービス付き高齢者住宅など）でした。その建物の1階のホールが広く，毎月第3木曜日に「喫茶せせらぎ」が開店します。菓子パンとコーヒーセットが200円で，持ち込み自由でした。
　そこに通うようになり，Aさんはだんだんと他の人のことが気になってきました。同じ団地にいる子育て中の人が同じような問題を抱えているかもしれないと思ったのです。支援員さんや保健師さんに相談して，団地内の集会所で月に1回子育て支援活動を開始することにしました。

　上記の事例のように，地域の子育てにおいても孤立した子育てをしている20代の母親を，地域の人や保育園や児童主任委員などがネットワークを組みサポート体制がとれるようになると子育て不安は軽減しそうです。今後ますます，専門職同士の連携や，他職種の人たちの連携さらに，地域の人やサービスの連携が必要となっていきます。連携の支援やキーパーソンができる保育士になっていただきたいと思います。

子育て支援 | ワーク㊺

連　携

　尾高圭くん家庭復帰支援計画で，４つのコンサルテーション，場面を演じ，演じた結果わかったことをシェアリングしました。その演習を通して他の専門職と連携していくために必要だとあなたが感じたことをまとめて記述して下さい。

2. 子育て支援　ケーススタディ

　ここからは，いくつかのケースをもとに事例検討を進めることになります。これらの演習は，保育士養成のための「子育て支援」を学んだ後に，最後の演習課題として利用してもよいですし，さらなるスキルアップのために使用してもよいものだと思います。また，就職後の園内研修等でも使用できる内容です。これまでの内容を振り返りながら，事例検討を通して，さらなるスキルアップを目指してください。

（1）ひとり親家庭・ステップファミリーへの相談支援

　近年では，母子家庭・父子家庭など，親が一人で養育している家庭を，ひとり親家庭と言います。2022 年度の厚生労働省の報告では，母子のみにより構成される母子世帯数は約 65 万世帯，父子のみにより構成される父子世帯数は約 7 万世帯（令和 2 年国勢調査）となっています。一方で，母子以外の同居者がいる世帯を含めた全体の母子世帯数は約 123 万世帯，父子世帯数は約 19 万世帯（平成 28 年度全国ひとり親世帯等調査による推計）とされており，ひとり親家庭というかたちでも，さまざまな家族形態があることを理解しておくことが必要です。

　母子世帯になった理由は，離婚が 79.5％と最も多く，次いで未婚の母 8.7％，死別 8.0％となっており，父子世帯になった理由は，離婚が 75.6％と最も多く，次いで死別が 19.0％となっています。ひとり親家庭になった背景について，「離婚」が最も多い理由ですが，以前は増加傾向にありましたが，2003 年度以降はおおむね減少傾向に転じています。2020 年度の離婚件数は約 19 万 3 千件（令和 2 年人口動態統計（確定数））で，そのうち，未成年の子どもがいる離婚件数は約 11 万 1 千件で，全体の 57.6％となっていることにも留意しておくことが必要です。

　離婚率（人口千対）という視点でみてみると，日本の離婚率は 1.57（令和 2 年人口動態統計（確定数））であり，韓国 2.1（2020 年），アメリカ 2.7（2019 年），フランス 1.9（2016 年），ドイツ 1.8（2019 年），スウェーデン 2.5（2019 年），イギリス 1.8（2016 年）より低く，イタリア 1.4（2019 年）よりは高い水準（OECD Family database）にあることが示されています。他国の状況をみていくと，これから家族の形はより一層多様化していくことが予想されます。

1) 早朝・延長等の時間外保育における子どもの姿

> カオルちゃん（4歳）は，母親と二人で暮らすひとり親家庭である。昨年，離婚をきっかけに母親の姉の家に二人で身を寄せてきており，それをきっかけに保育園に入園した。入園後から，早朝から延長保育ぎりぎりの時間まで保育園を利用しており，土曜保育も利用している。保育園が休みの日は，家に3歳年上の小学生の従妹がいることもあり，一緒に過ごしている様子である。入園してしばらくは，母親も日中の仕事のみであったが，最近カオルちゃんが，「寝て起きたらお母さんいなかったんだ」と語るようになり，お母さんに事情を聴いた。カオルちゃんが保育園に慣れてきたことや，二人で自立して暮らしたいという思いから，カオルちゃんを寝かしつけてから，母親の姉に了解をもらって，夜間も働き始めた様子であった。母親も仕事で疲れているものの，カオルちゃんを大事に思っている様子が見られ，カオルちゃんも寂しい気持ちはあるようだが，延長保育時には「ここで先生たちとじっくり遊べて楽しい」と言っている。担任保育士は，カオルちゃんの育ちや心の安定を第一に考え，日々の生活状況を把握しながら，カオルちゃんの養育的課題はなにか定期的に確認する必要性を感じていた。

職場の大先輩から「私は仕事があったから祖父母にお迎えをお願いするのをやめました」という話を聞いたことがあります。その理由は，祖父母が「お母さんがいつも遅くてかわいそうね」と娘さんに話したようで，仕事から帰って夕食の準備をしていたら「お母さん，私ってかわいそうなの」と聞き返されたとのことでした。それからは，ベビーシッターやファミリーサポートにお願いしてしのぐことにしたという話でした。

家族形態が多様になる中で「家族がいるから安心」という言葉では片づけられない問題がたくさんあるのです。上記のように，保育現場や祖父母などの家族から「早朝から夜間まで預かりで子どもがかわいそう」という声をよく耳にします。家族が多様化し，女性も社会で働く時代になり，保育所の役割がより一層期待されている中，「かわいそう」という言葉で，家族の在り方に対する批判的な姿勢を示すことのないように気をつけましょう。保育者もそれぞれの人生や家族形態の中で，一人の人間としてさまざまな価値観があるのは当然です。自身の価値観を自己覚知しながら，「こんな時間までのお預かりでかわいそう」ではなく「ここでじっくり過ごして充実した時間を」という考え方に転換することが大切です。何よりも「子どもの最善の利益」を考えるとき，子ども自身が「自分はかわいそうな存在なのだ」と感じることだけはないように，配慮が大切です。

カオルちゃんの事例では，母親とカオルちゃんの様子をじっくりと見守る保育者の配慮が感じられます。日々の生活状況を母親やカオルちゃんとのやりとりからしっかりと把握しながら，もし養育の課題が発生した時には，市役所の子ども家庭関係や生活保護等との連携が必要になります。子どもの貧困やヤングケアラー（p.158　コラム3参照）等の問題も

話題になっています。近年では，未成年の子どもがいる離婚件数が5割を超えていることを考えると，保育所が家族形態の多様化に対応していきながら，行政の縦割りで対応できないような養育の課題について，支援をコーディネートしていく役割も担わなければならないのかもしれません。そこには，情報や知識，さらに家族援助についての高度な専門性が求められるのです。

2) 保護者の気持ちに寄り添う

> カオルちゃんは母姉の家族や年の近い従妹もいることから，母親がいない寂しさはあるものの，元気に登園する様子が見られている。保育園で必要な物品や洋服なども，従妹のおさがりをもらうなどして，やりくりができている様子であった。忘れ物が多い状況は入園してから続いていたが，忘れ物について確認すると，カオルちゃんから「お母さん，疲れていてあんまりお話しできないんだ」と語られることも多くあったので，カオルちゃんが安心して保育園で過ごせることを第一に，保育園で準備できるものはできるかぎり支援してきた。
> 個人面談の時に「お母さんがんばられてますね。体調等はいかがですか。」と聞くと，母親からは「いろいろあってできたら早くいまの家を出て二人で暮らしたいんです。だからがんばらなきゃいけない」と語った。姉の家族に世話になっているが「これ以上迷惑をかけられない」という思いがあるようである。保育者としては，カオルちゃんの育ちを見守ってくれる環境があることへの安心感があったが，母親としては，肩身が狭い思いや，姉妹だからこそ愚痴が言えないこと，相談する相手がほしいことなど，語る言葉の中に母親が感じているつらさやわかってもらいたいという思いがあることを感じた。保育園はカオルちゃんの育ちを見守ることが第一の役割だが，生活基盤の不安定さや母親の不安の気持ちを受けとめていく役割があると感じていた。

子どもの貧困とは，「子どもが経済的困難と社会生活に必要なものの欠乏状態におかれ，発達の諸段階におけるさまざまな機会が奪われた結果，人生全体に影響を与えるほどの多くの不利を負ってしまうこと」を言います。いま，大きな社会変動によって仕事を失う保護者も増えています。経済的困難は，子どもの育ちに大きな負担を負わせてしまうのです。

また，ひとり親家庭について，経済的な支援が不足していることも指摘されています。負の連鎖から虐待につながるケースも少なくありません。

子どもの相対的貧困率をみてみると，1990年代半ばから上昇傾向にあること，「平成30年度の国民生活基礎調査の概況」からは，子どもの相対的貧困率は13.5％（経済協力開発機構（OECD）が15年に改定した新基準では14.0％），7人に1人に達していると言われています。国際比較においても日本の子どもの貧困は国際的に見ても決して低いレベルではないことが指摘されています。さらに指摘されているのが母子世帯の貧困率の高さです。「令和3年 子供の生活状況調査の分析 報告書」によれば，母子家庭の過半数が貧困に直面し

ているとされています。国際比較では，日本のひとり親世帯の就労率は高いのですが，非正規雇用が多く，一生懸命働いても不安定な労働条件や所得の中で子育てしなくてはならない状況を強いられているのが現実です。こうした状況のもとで，家族を理解しようとするとき，「忘れ物が多いこと」を指摘したり，指導するという姿勢のみでは，保育者と保護者の気持ちが対立してしまう可能性がおおいにあります。難しい家族の対応をはからねばならないとき，保護者の気持ちに寄り添うために「言葉の二面性」を意識するようにしましょう。

「言葉の二面性」とは，「表」にあらわれている・見聞きできる言葉や行動と，その「裏」にあって見え隠れしているような，本当の思い，本音や気持ちをわけて把握したり，予測したりしておくことです。保護者の気持ちを理解した言葉かけや対応をするには，「表」ではなく「裏」の思いや気持ちを汲んで，そこに応じていく対応が必要になります。

【言葉の二面性】

① 理解した登場人物の名前を書き，その下に円を描きます。
② 園の真ん中に線を引いて，上の半円に「表」，下の半円に「裏」と書きます。
③ 「表」（上の半円）の中に，実際に登場人物が発した言葉や行動などを具体的に書き出します。
④ 「裏」（下の半円）に，「表」に書かれている言葉や行動は，どんな思いや気持ちがあってのことなのか，予測しながら，実際に登場人物が感じている思いとして表現してみます。
⑤ 「裏」の思いに応えることができる，言葉かけや対応はどのようなものなのかを検討します。

カオルちゃんの母親

「表」

忘れ物が多くなってしまう。
昼だけでなく夜間も働いている。
「早く家をでて二人で暮らしたい。だから
がんばらなきゃいけない」
家族といえども「これ以上迷惑はかけられない」

ちゃんとカオルを育ててあげたいと思うけれど，それが
できないのがもどかしくてたまらない。
いろいろと愚痴をいいたいけれど，世話になっている
姉家族に言うことができない。肩身が狭くて
つらい。相談できる相手がほしい。

「裏」

「言葉の二面性」

　以下はワーク⑩事例２の中で扱った同じ事例です，ナナちゃんの母親の思い，担任保育士の思い，ナナちゃんの思いについて，「表」にみえる行動や言動・「裏」にある思い・本音について考えてみましょう。

　ナナちゃん（３歳）は早朝・延長保育を利用しているお子さんである。ひとり親家庭で，お母さんは会社で事務員をしている。同居家族はいない。ナナちゃんのことは大切に思っている様子であるが，朝も急いでいることや，夜も疲れている様子も見られ，担任保育士と話をする間もなく，園を後にする様子が見られていた。ある日，ナナちゃんに熱があったため仕事中に電話したところ，お迎えには来てくれたものの「仕事中に電話されて迷惑です」と言われたことがあり，担任保育士はお母さんへの対応に少しナーバスになっていた。

　今日は水遊びの初日。園では水遊び・プールの日には，着替えや水着の準備とともに健康カードにも水遊び対応の部分に記入をお願いしていた。ナナちゃんは水着やタオルの準備はしっかりとしてきていたが，健康カードを忘れていた。必ず確認印がなければ水遊びやプールには入れないことは，保護者懇談会やおたよりを通して，何度も説明してきている。水遊びの準備はしてきていたため，担任保育者は迷ったが，主任の先生にも相談し，水遊びはしないという選択をした。それは他のお子さんでも同じ対応を園ではしていることからであった。ナナちゃんは，水遊びしたい様子も見られたが，しばらくすると，部屋の中で保育者と満足して遊ぶ様子が見られた。お迎えの時間に担任保育士が説明すると，「どうしてナナだけ水遊びさせてもらえなかったのですか？」と詰め寄った。担任保育士が説明しようとすると，その言葉を主任保育士が止めて声をかけた。「ナナちゃん水遊びしたかったね。お母さんも水遊びさせてあげたかったと思います。」と母親の思いを代弁した。「今度，判断に迷ったときにはお電話させてもらってもよろしいでしょうか。お電話で確認がとれたらこちらも助かります。」と続けた。

設問１　ナナちゃんのお母さんの言葉の二面性（「表」と「裏」）を考えてみよう。

設問２　担任保育士の立場で言葉の二面性（「表」と「裏」）を考えてみよう。

設問３　ナナちゃんのお母さんと担任保育士の思いがなかなか通じ合わない理由はどこにあるのか，今後どのような対応や配慮が必要なのか，考えてみよう。

3）ステップファミリーの理解

> 　5歳児クラスになり，カオルちゃんは母親とともに引っ越しをすることになった。母姉の家からも近いようで，これからも子育てを応援してもらえる状況にあることや，従妹もいるのでカオルちゃんとしても，大きな家族の中で安心して成長していける環境があった。ある日，母親から引っ越しにともなって，お話ししたいことがあるとの申し入れがあり，その日の連絡帳に「再婚することになり，カオルにあたらしい父親ができて3人家族となります」と書かれていた。保育者は，カオルちゃんから自然に父親についての話が出てくるまで，まずは見守っていこうという姿勢を大切にした。延長保育後に，父親が迎えにくるようになると，カオルちゃんから「赤ちゃんが生まれるんだって。兄弟ができたら楽しいかな」という思いが語られた。保育者は「きっとかわいい赤ちゃんだね。お姉ちゃんになるね」と伝えると笑顔で返してくれるようになった。カオルちゃんは「私もお母さんから生まれてきたんだね」と語り，幸せな様子が伝わってきた。保育者たちは，カオルちゃんはひとり親家庭であっても，親戚など異年齢の子どもや家族の中で愛情深く育ってきたのだなと実感していた。その後，カオルちゃんが小学生になるのをきっかけに，父親の実家のある他県に引っ越しをすることになることを把握した。保育者たちは，これまでのような，母親の姉の家族など，カオルちゃんの育ちを支える関係性が途絶えてしまうことを心配した。市の担当課にこれまでの経緯について報告するとともに，親子の見守りを何らかの形で引継ぎできないものなのか問い合わせをすることにした。

　ステップファミリーとは，離婚や再婚によって血縁関係のない親子関係が1組以上含まれる家族関係のことを言います。家族の多様化が進んでいる中，こうした家族形態は非常に多くなっているのが実態ですが，日本ではステップファミリーという言葉やその意味について，認知度が低いのが実際です。ステップファミリーは，子どもにとっては，親は同居している父・母のみでなく，別居している父・母も親なのです。カオルちゃんにとって，新しいお父さんとの関係は「継親子（けいしんし）」という関係になります。カオルちゃんは，母親との親子関係を軸にしながら，「姉家族」，「新しい父親」という，複数の大人や家庭にまたがった関係の中で育っています。保育者は，こうした環境の中で，子ども自身が周囲の大人に愛着と信頼を築いていけるように援助することが大切です。

　事例では，保育者たちが「カオルちゃんから自然に父親についての話が出てくるまで，まずは見守っていこう」という姿勢を大切にしています。子どもの心の育ちに寄り添いながら，子ども自身が感じていることを細やかにとらえ，受容していくことが大切です。例えば，カオルちゃんの発言には「赤ちゃんが生まれるんだって。兄弟ができたら楽しいかな」など，どこか前向きにとらえる気持ちと戸惑う気持ちの両方が表現されています。これからの日々への希望と，一方で受け入れられない気持ちや怒りや悲しみ，傷つきなど，心の機微の変化もあるでしょう。それらを日々の保育の中で受けとめながら，カオルちゃんの養育環境が整えられるように希望をもって，家族を支援していくことが大切です。

事例の終わりでは，カオルちゃんにとって新しい親を受け入れるまでの間もなく，「新しい兄弟が生まれる」予定があり，さらに，「父親の実家のある他県に引っ越しをする」ことが把握されています。カオルちゃんにとっては，新しい生活が始まることへの期待と頼ることのできる存在のない不安が入り混じることは言うまでもありません。2018年，東京・目黒区で起きた5歳少女の虐待死事件では，親子が他県に引っ越したことで，状況把握が困難になったことも虐待の拍車に大きな要因として影響を与えていました。保育現場には，幼児期以降に子どもの命や生活をつないでいく大きな役割や責任感があるという意識をもって，子どもや保護者に向き合っていく姿勢が求められています。

〈コラム2　ステップファミリー〉
　「ステップファミリー」は英語表記では「STEPFAMILY」とされ，そのまま英語「『継ぐ（STEP）』と『家族（FAMILY）』からできた言葉で，「継親子」の関係のある家族の呼称です。小榮住（2020）は，「あえて英語読みのまま『ステップファミリー』として言語化することで，世間一般にそれ自体の認識や特異性への理解が広まりはじめている」と指摘しています。ステップファミリーを理解するうえで留意しなくてはならないのは，「いわゆる「再婚家族」に限ったものではなく，子どもとその実親の新たなパートナーによる「継親子」関係が存在するという特徴」（小榮住，2020）です。大人からみると「新しい父親」と捉えてしまいがちですが，子どもの視点からみると「父」や「親」と認識するには，長い時間やさまざまな共有体験を経る必要があり，またそれを経ても「父親」とはなりえないケースもあるのです。保育現場では「子どもの最善の利益」を考慮し，大人や社会からのプレッシャーにならないように，子ども自身の思いに寄り添いながら，またその生活の変化の中で時間をかけて，理解していく子どもに寄り添う姿勢がもとめられます。
　また，ステップファミリーというあたらしい家族観に対して，これまでの日本的な家族観が影響することも少なくありません。「血のつながりへの意識」や，「生活習慣や価値観のギャップ」等から，気持ちのすれ違いや家族関係を構築することの困難があることも指摘されています。「新しい親になった」「早く親として意識してほしい」という思いから，生活習慣や価値観について厳しく指摘するようになりがちで，こうしたことが虐待やマルトリートメント※につながるケースも少なくありません。野沢（2022）は「ステップファミリーを，子どもとお母さん，新しいお父さんといった形式で考えずに，ふわっとした感覚で，大きな器としてかんがえてみましょう。子どもたちに関わる大人がどんどん増えていく家族がステップファミリーだと理解できれば，子どもたちにとって豊かな人生になる」としています。保育現場としても，子どもを取り巻く大人との関係がどのようなかたちであっても，一歩一歩，子どもにとっての「家族」としてさまざまな経験が積み重ねられていくことを共有していく姿勢が求められます。
（NHKすくすく子育て情報　https://www.nhk.or.jp/sukusuku/p2021/876.html，2022年8月31日アクセス）
※マルトリートメント：人あるいは動物に対する残酷なもしくは暴力的な振る舞い」を意味する英単語であり，日本では特に「大人の子どもに対する身体的・性的・心理的虐待とネグレクト（養育放棄）」を包括的に指す。

子育て支援 ワーク❹

ひとり親家庭の現状・ステップファミリーの現状

設問 1　厚生労働省のホームページや白書等を参考にしながら，「ひとり親家庭」「ステップファ
ミリー」の現状について調べてまとめましょう。

設問 2　上記の現状をうけて，保育者としてあなたが知っておかなくてはならない知識や保育者
として必要な配慮や支援はどのようなものなのか，具体的に考えましょう。

思いの違いの理解―「実親」「継親」とらえ方の違いを理解する

　ステップファミリーを理解するうえで，子どもの言動について，「実親」「継親（新しい父・母）」でとらえ方の違いがあるといわれています。あなたは以下の事例についてどのように感じますか？

　カオルちゃんが保育園から帰ってきました。今日は父親のお迎えです。玄関を入るなり，園のカバンを投げ捨てるように置いて，靴を脱ぎすてるように，急いで母親のもとにかけよって「ねえママ，今日○○ちゃん，お家で誕生会するんだって」と言いました。その楽しそうな表情に，母親は「そうなんだ。カオルも今度やろうね。」と返しました。迎えにいった父親は，「カオルちゃん，カバンも靴も投げ捨てているよ。こんなでは，お祝いなんてできないよ」と言いました。カオルちゃんは途端に暗い表情になって，一人でおもちゃで遊び始めてしまいました。

設問1　カオルちゃんの気持ちはどのようなものだったでしょうか。

設問2　母親と父親の思いはどのようなものだったでしょうか。

設問3　翌日，保育者に「お父さん怖いんだ。すぐ怒るから嫌い」とカオルちゃんが言いました。保育者は，その気持ちにどのように応え，対応しますか。

4）小学生になったカオルちゃんとの再会から

　　カオルちゃんの担任保育士だったサカタさんは，現在は市内の別の保育園で主任をしている。先日，園の保護者から「離婚したので，別居した父親がきても会わせないではしい」という話を担任とともに聞いたことから，カオルちゃんの顔を思い浮かべていた。仕事を終えて，近くのスーパーで買い物をしていると，小学生の女の子が一人で買い物かごをもっていた。「しっかりしている子だな」と感心しながらも，「小学生の子どもが一人で？」と引っかかるところがあり，よく顔をみると，カオルちゃんとよく似ていた。背も伸びて，たくましくなっていた。でも，顔つきにあどけなさが残っていたので，やっぱりそうだと確信した。思い切って「もしかしてカオルちゃんじゃないですか？」と話しかけると，「うん。サカタ先生」としっかりと答えてくれた。「覚えていてくれたんだね。ありがとう。カオルちゃんでよかった。」と答えると，笑顔をみせながらも，少し寂しそうだった。お会計を済ませて，スーパーの前にある自販機でジュースを選んでもらい，一緒に飲みながら話をした。卒園後，母親と一緒に，新しい父親の実家に引っ越したが，父親の親との関係が悪くなって，赤ちゃんを連れて，3 人で戻ってきたとのことである。「お母さん。寝てばかりいてご飯もつくれないの。弟が泣いていてお買い物にきたの」という。カオルちゃんは小学校 3 年生である。カオルちゃんの言葉から，母親が精神的にも落ち込んでいる状況や，弟の世話をカオルちゃんがしていること，弟（2 歳）がおなかをすかせていることがわかった。「カオルちゃん，がんばってるね。先生もお手伝いできることがあると思うから，お母さんにもお話ききたいと思うの。先生，カオルちゃんと一緒にお家にいっていいかな。」と聞くと，少し戸惑った様子だったが，「うん」と小さくうなずいてくれた。その後，市の保護課や児童家庭課等の介入で，母親の通院やヘルパー派遣による家事支援を受けることができるようになった。いま，市内で NPO が子ども食堂を開設しており，サカタさんもボランティアとして休日にお手伝いに行っている。カオルちゃんもお母さんの同意を得て参加してくれるようになった。「サカタ先生がいるならば行きたい」と言ってくれたという。週 1 回は，必ずカオルちゃんとここで会って話をしている。お休みしたときは，お母さんに連絡をして，世間話などを交わす中で，困ったことや子育てについて相談を受けることもある。そのたびに，保育者としてもっと専門性を高めなければと実感している。

　ステップファミリーのコラム 3 からもわかるように，再形成された家族のかたちが，さらに変化していく，そんな家族に出会うことも多いのが実情です。卒園後の情報がうまくつながらない子どもの様子をどのように把握するのか，保育と教育の連携のみならず，市町村の協力が必要であることは言うまでもありません。筆者が家族支援にかかわる中で，保護者にとって幼児期は良い思い出が多いようで，その時期にかかわった保育者は，その後つらい経験をしている子ども・保護者にとっても，信頼できる・安心できる存在です。

　サカタさんが，カオルちゃんや母親と出会えたことは奇跡に近いことですが，サカタさんが子ども食堂にかかわるなど，日頃から地域の子育て支援や子どもの貧困の問題にアンテナを張っていたからこそ，カオルちゃんに気づけたとも言えます。保育者がその専門性をもって地域子育て支援にかかわること，これからも一層，子どもを取り巻く社会が変容していく中で，いまを生きる子どもたちに何が必要かを常に考え，行動し，提言していく専門性がさらに求められているのです。

〈コラム3　ヤングケアラー〉

　最近，「ヤングケアラー」について話題になることが多くなりました。ヤングケアラーとは，「本来大人が担うと想定されているような家事や家族の世話などを日常的に行っている子ども」を指します。たとえば，幼い子どもの世話や障害のある兄弟の世話，さらに家族や親の難病や精神疾患等のケア，家計を支えるための労働等のために，学校を休まざるをえなかったり，放課後の時間をすべて家族のために費やさなくてはならなかったりする実情があります。日本の文化的背景から，「子どもが家族を手伝うのはあたりまえ」という観念があり，隠された問題でした。しかし，「年齢等に見合わない重い責任や負担を負うことで，本来なら享受できたはずの，勉強に励む時間，部活に打ち込む時間，将来に思いを巡らせる時間，友人との他愛のない時間」等の「子どもとしての時間」を失うことで，それが将来の生活や人生に重く響くことが指摘されています。厚生労働省の調査（令和2年度　子ども・子育て支援推進調査研究事業　ヤングケアラーの実態に関する調査研究　報告書）によれば，回答した中学2年生の17人に1人がヤングケアラーであることが指摘されています。厚生労働省のホームページでは，さまざまな相談窓口や支援につなぐための手助けが示されています。
（厚生労働省ホームページ　https://www.mhlw.go.jp/stf/young-carer.html，2022年8月31日アクセス）

〈コラム4　子ども食堂〉

　全国で「子ども食堂」の活動が広がりを見せています。子ども食堂の多くは，子どもやその家族が無料，または低額で食事の提供をうけることのできる食堂，そして居場所となっています。豊かに見える日本の社会，その一方で，社会変容とともに家族形態が多様化する中で，子どもの貧困等，子どもや子育て家庭の孤立，経済的貧困の課題が置き去りになり，いまあなたの生活の身近にも見えかくれしているのが現実なのです。こうした子ども・子育て家庭を身近な地域の中で見守り，支えていく活動の一つが子ども食堂です。食事の提供が中心のところから，子どもの保護，生活支援等も含めて支援を行っているところ，また，常時開いているところから，定期開催のところまでさまざまです。それは，子ども食堂の多くが民間による自主的・自発的な活動であること，公的な支援が少ない一方で，地域密着型の子ども・子育て家庭支援を展開しています。全国こども食堂支援センター・むすびえによれば，子ども食堂は6000か所にも及んでいて，増加の一途をたどっています。
（NPO法人全国こども食堂支援センター・むすびえホームページ　https://musubie.org/kodomo-syokudo/　2022年8月31日アクセス）

（2）発達の遅れのある子をもつ保護者への対応

　発達に遅れのある子をもつ保護者の話の中で，幼少期に子どもの育ちに不安を感じた時の思いを耳にすることがあります。「おっぱいをうまく吸ってくれなかった」「ぐずることが多くって，夜泣きがひどかった」「なかなか目を合わせてくれなかった」など。そして，「私の育て方が悪いのかしら」と，自分自身を責めてしまうことや「家族に迷惑をかけてはいけない」と夜泣きする子を抱きかかえて，夜な夜な外に出ることもあったという話も。子の育ちへの「願い」と「不安」（心理的側面）だけでなく，「体力の限界」（身体的側面）や，「周囲の人はどうしたら理解してくれるの」（社会的側面）といった複雑な思いがあることがわかります。

　保育所や療育施設での保育者との出会いは，保護者にとっては「この子のことを理解してくれて，一緒に考えてくれる人」との初めての出会いでもあることも多いのです。子が成人を迎えた保護者から「やっぱりあの頃（保育所や療育施設）が一番良かった」という話もよく聴きます。保育者にとっては「子どもの育ち」に目を向けたとき，「もっとお母さんにわかってほしい」と思うこともあるかもしれません。しかし，発達の遅れがはっきりとわからない時点でも，保護者はこれまで紹介してきたような複雑な思いをともないながら，苦労して子育てをしてきています。だからこそ，まずは保護者の気持ちを受けとめることが，発達の遅れのある子をもつ保護者への対応においてとても重要なのです。

1）「気になる子」との出会い

　保育所保育において，保育者が発達の遅れに気がつくのはどんな時でしょうか。遊びの場面で，他の子どもたちとかかわって遊ぶ場面も増えてくる中で，「ひとり遊びの場面が多くて特徴的な遊び方をする」ということもあるのではないでしょうか。お片付けの場面で「何をしてよいかわからず一人でぼーっとしている」という場面も指摘されることが多くあります。まだ，子どもの育ちに個性がある時期なので，他の子どもとはっきりと違いがあり，遊べないわけではないですが，保育者としては「気になる子」の視点をもつことになります。

　「気になる子」の視点は，障害があるなど診断はついていない中で，保育指導上の困難さがあるときに浮かび上がってきます。保育者は「発達の遅れがあるのではないか」「保護者は気づいているのか」などが一番気になる点になるでしょう。しかし，保護者は子どもの育ちの遅れに気づいていることも多く，一方で保育者に相談できていないケースが多

マコトくんは3歳5か月で入園してきた。入園前の面接から，歩行の不安定さが見られ，発語がほとんど聞き取れないため，保育士はマコトくんの育ちを気にしたが，母親からの具体的な発達に関する相談はなかった。

　ある日，マコトくんの母親が参観している時に，電車ごっこに喜んで参加したマコトくんは，歩行が安定せず，転倒してしまった。保育者がマコトくんに寄り添うと，母親が「なんだか転びやすくて……」とこぼしていた。後日母親とマコトくんの育ちについて面談することを約束し，その日までマコトくんの育ちについて保育者の視点から観察することにした。

　日頃の保育を通して，マコトくんの育ちを見つめながら，他の保育士とともに，現在のマコトくんの育ちについて以下のようにまとめられた。

①言葉の育ち　発語はあるが，意味は聞き取ることが難しい。名前も発音が不明瞭。しかし話の内容はよくわかっている様子で，教室から外遊びなど場面転換の際にも状況理解は適切であった。

②運動機能　歩行が左右にゆれる様子が見られ，よく転倒する。ジャンプはまだできない。手足に力が入らない様子で上履のかかとを入れることが難しい。絵画でも筆圧が弱く，か細い線を描くのがやっとであったが，楽しんで取り組む姿は見られた。

③身辺自立　自分で支度をしようという意欲が見られる。保育者が手伝おうとすると手で保育者を押しとどめて自分でやろうとする。着替えの場面で，力を入れることが難しいからか，パンツやズボンの上げ下ろしが難しく，体幹がぐらつくこともあり時間がかかる。

④排泄　入園時はおむつをはずしたばかりで訓練中だった。1日1回程度失敗してしまうこともあったが，不快な表情や目で訴えたり，おしりをたたいてジェスチャーで教えることができる。

⑤食事　自分でフォークを使って食べる。フォークが刺しづらい様子の時は母親が手伝っていた。

⑥人間関係　性格は温和で明るく人懐っこい。他児や保育者の様子をみて笑ったり，表情は豊かである。おもちゃをあげたり，もらったりはできていた。発語は不明瞭だが，表情と身体表現でコミュニケーションをとることができている。

いのです。その背景には「先生にうちの子だけ嫌われてしまうのではないか」「うちの子はみんなと違うの？」など，不安な思い，つまり「困っている」保護者の思いがあります。保護者のみならず，「困っている」のはお子さんも一緒です。「みんなと遊びたくない・やりたくない」ではなく，「うまくかかわれなくて困っている」というのが，子どもの気持ちなのです。発達の遅れのある子ども・保護者支援には，発達の遅れがある・なしではなく，子ども・保護者のこうした「困り感」に気づき，保育者がどのようにかかわるかが大切なのです。

お子さんの育ちについての保護者との情報共有

> 　子どもの育ちが気になる子がいます。園での集団生活が苦手な様子で見守りが必要な場面がたびたびあります。ひとり遊びが多く，遊び方にもこだわりが見られます。保護者からは相談がないので，園ではその子の個性として捉えながら，細やかに育ちを見守っています。子の育ちについて，どのような場面で保護者と話をしたらよいでしょうか。

　上記の事例について，以下のような対応が考えられますが，それぞれ，その対応のよい点，逆に対応の問題点，配慮が必要な点もあると思います。両者についてかんがえてみましょう。

① できるだけ早く保護者に子の育ちについて認識してもらうために，
　なるべく早く保護者に面接の時間を約束し，療育機関等を紹介する。

　　よい点

　　対応の問題点・配慮点

② あくまでも，保護者の思いを大切にしたい。だからこそ，保護者から相談があるまで，
　話はせずに待ちつづける。

　　よい点

　　対応の問題点・配慮点

③ ①，②をふまえて，あなたならどのようなかたちで保護者に説明しますか。
　具体的な場面や方法を想定して考えてみましょう。

2）保護者の気持ちに寄り添う

数日後，担任保育士のサチエさんはマコトくんのお迎えの時間前に少し早く園に来てもらい，別室にて面談した。サチエさんはマコトくんの育ちの観察記録を確認しながらも，まずはマコトくんが園でお友だちと積極的にかかわっていること，それが成長につながっていることを伝えた。すると，母親は少し安心した表情で，マコトくんの言葉の遅れや他の子どもより運動ができないことについて話しはじめた。また，入園前までに「ことばの相談室」や療育センター，小児科など多種多様な機関を訪ねて，マコトくんの発達の遅れについて相談してきたが，納得いく治療や指導を受けられず大変傷ついた経緯を話してくれた。

サチエさんは「園でできることはありますか」と母親に聞くと，言語刺激が豊富な集団生活の中でマコトくんが意欲的になることを期待していた。また先生方が丁寧にマコトくんにかかわってくれていることに感謝していた。サチエさんは，他の保育士とも連携して，マコトくんの育ちの記録をつけていることを伝え，記録を見せると母親は「こうした支援もしていただけるのですね」と安心し，涙をうかべる様子も見られた。

サチエさんは，会議でマコトくんの母親の思いを話し，マコトくんが何かに取り組むことや，自ら話す意欲を大切にしていく支援を提案した。また，保育園でできることとして，定期的に保護者と面接しながら，マコトくんの個別支援計画を作成して支援していきたいと考えている。

発達の遅れがある子どもの保護者支援では，まず専門的な知見が必要なのではないかと考えることも多くあります。たしかに，発達の遅れをどう理解し，支援するのかといった専門的な知見は大切です。

しかし，保護者の思いは「この子のことを理解してくれて，一緒に考えてくれる人」を求めています。保護者のつらい気持ちを受けとめながら，保護者と一緒に子どもの育ちをみつめていこうとする姿勢が，保育者に求められるのです。保育者の丁寧なかかわりが，保護者が子どもの育ちを受け容れる気持ちにつながっていくのです。

またアセスメントを通して得られた情報を整理しながら，見通しを立てて子どもの育ちを支えていくために，個別支援計画を作成することも大切です。日々の保育目標は，子どもたち全体の中で一人ひとりの育ちを見守っていきます。しかしながら，発達の遅れのある子どもの保育は，個別の配慮や支援が必要な場合も多くあります。個別支援計画では，現在のその子ども自身の身体的・心理的育ち，さらに子どもや保護者を取り巻く人間関係や社会関係をとらえたうえで，短期的・長期的な育ちの目標を示します。子どもの育ちにマッチした支援が展開されているか，必要があれば支援内容を見直すことで，より個別に適切な支援を検討し，修正しながら保育を展開することができます。

3）専門機関の利用への抵抗感

　発達の遅れが気になる子について，園での様子を保護者に伝え，医療機関の受診や療育機関での相談を勧めることがあります。保育者の願いは，「子どもの育ちのためにも，なるべく早い時期に，専門的な療育をすすめたい」ということにあるのですが，その思いが保護者の願いとすれちがってしまうこともあります。「先生はなぜ診断名をつけたがるのか」「まだ幼くて，これから可能性があるのにこの子が嫌いなのか」といった，保育者への不信感につながってしまうこともあるのです。なぜ専門機関での受診が必要なのでしょうか。保育園で求めているのは，専門機関での受診によって，診断をつけることではありません。日々の保育を基本にしながら，さらに子どもの育ちが促されるように，より適切な働きかけや環境づくりをしていくためです。そして，その子により生き生きと保育園で過ごしてもらうこと，子どもの育ちがより促されることが目的なのです。

　「保育園に見捨てられてしまうのでは」と心配する保護者もいます。保育園と療育機関を併用して利用できることや，他機関との連携の中で子どもの育ちを見つめていくことは，子どもを見守ってくれる多くのサポーターを得ることだと伝えていきましょう。保護者にとっても，子どもに生き生きとした笑顔があること，そして子どもの育ちや保護者自身の思いを理解してくれる人が広がることは何よりも大切なのです。

4）支援や環境の変化が子どもの育ちと保護者の思いを変えていく

　面接をしてから，保育士のサチエさんは，マコトくんの母親と話す機会が多くなった。マコトくんの母親も，子どもの育ちについて遠慮なく相談していいのだという安心感をもてている様子であった。子どもの育ちについて積極的な情報交換ができるようになり，マコトくんの母親と育ちを共感できる場面，またそれだけでなく，就学にむけての悩みや不安を強くもつ場面も見られるようになった。「小学校にあがるまでに，〇〇ができてほしい」という思いを受けて，医療機関の受診や療育機関との連携も視野に入れながら，保育園でできる適切な支援や環境設定をしていきたいことを伝えた。

　母親は，これまで奔走してきた経験から躊躇する場面も見られたが，「保育園が進めてくださるならば……」と療育機関での相談を受けるようになった。園からも療育機関での指導の進捗状況について定期的に把握し，さらに療育機関から巡回指導をお願いするようにした。

　入園してから，1年半がたつが，マコトくんの育ちは目を見張るように変化が見られた。運動機能について，転びやすいことに配慮しながらも，マコトくんが好む遊びを意図的に多く取り入れながら，積極的に友だちと触れ合える場面を増やした。体力もついてきたこともあり，ジャンプも足が地面から少し離れるようになってきた。友だちとの関係も，成長するにしたがって言葉や運動など，他児とのちがいが把握される場面も多くなったが，「マ

コトくん，こうしたいの？」と保育者の真似をして，マコトくんの意図を確かめながら遊ぶ姿が見られるようになった。コミュニケーションについても，発語が見られるようになり，母音がはっきりしなくても，聞き取れる言葉も多くなってきた。

　母親の様子も，他児の母親とコミュニケーションをとる場面が増えてきた。園でも積極的に交流できる場面に誘うようにしていたが，日々の保育や子ども同士の交流から，他児の母親からマコトくんの母親に話しかけるなど，マコトくんの成長をともに喜べる関係や雰囲気がうまれた。母親も，マコトくんが伸び伸びと自己表現をしている姿に，発達の遅れについて受け容れながら，自信をもって子育てする姿が見られた。相談の内容も，就学に向けて，どこの特別支援学級がよいか，また放課後の支援についてなど，積極的にマコトくんの育ちについて先回りして対応していこうとしているようである。

　保育園でも，マコトくんの母親からの情報が勉強になることも多くあった。担任保育士のサチエさんだけでなく，他の保育士も，発達の遅れのある子どもの支援について，保育園でも積極的に学んでいこうという意識が高まっている。

　発達の遅れが気になる子どもの育ちについて，他児とのちがいがはっきりとしてくることで，保護者の不安や心配が大きくなることがあります。子どもの育ちは，個性がありみな違うこと，また，身長や体重のみならず，心の育ちがとても大切なことを伝える。心の育ちは，子どもの周囲の人や環境とのかかわりあいを通して，感じたり，考えたり，ときに失敗するような体験もしながら，質的に変化していくのが特徴です。保護者支援を通して，保護者が子育てに向き合う自信を支え，育てていくこと，また他児やその保護者の理解を広げていくこと，保育者自身が，発達に遅れのある子どもの支援について積極的に向き合うことが大切です。発達の遅れのある子どもと保護者を取り巻く，環境の変化が，子どもの育ちを一層促し，保護者の思いを変えていくことにつながっていくのです。

5）障害を受けとめていく過程に寄り添う

　保護者は子どもの育ちに一喜一憂しながらも，願いをもって子どもを見つめています。「わが子の育ちが他の子とちがう」と感じたとき，または「発達の遅れの疑いがある」と指摘されたとき，「どうしたらいいの」という思い，子どもの将来への期待や願いを断ち切られた気持ち，「悲しくて，苦しくて，涙が止まらなかった」というお話をお聞きすることがあります。そのような保護者も，卒園数年後に再会すると，さまざまな経過を経て，たくましく子育てしている姿を目にすることが多くあります。

　保護者の思いを理解するうえで，保護者が子どもの障害を受容していく過程についての知識も役に立ちます。具体的には，①精神的打撃，②否定・パニック，③怒り，④敵意と恨み，⑤罪悪感，⑥孤独感，⑦精神的混乱と無関心，⑧あきらめと現実の直視，⑨新しい

図 4-3　障がい受容の過程

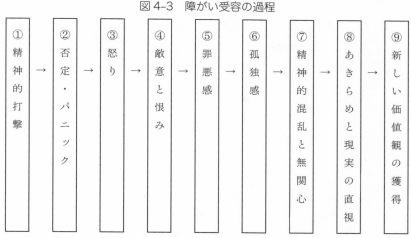

① 精神的打撃 → ② 否定・パニック → ③ 怒り → ④ 敵意と恨み → ⑤ 罪悪感 → ⑥ 孤独感 → ⑦ 精神的混乱と無関心 → ⑧ あきらめと現実の直視 → ⑨ 新しい価値観の獲得

出典：佐々木正美（2001：170-172）を元に筆者作成

価値観の獲得，に分けてとらえます。障がいを受けとめていく過程は，人によってちがいます。すべての人が上記の過程を通るとは限りません。ただし，発達の遅れについて否定的にとらえる保護者の思いを理解するとき，その思いがどの段階にあるのかを理解する中で，辛抱強く保護者の思いを聞いていくことができるのではないでしょうか。ある保護者から「子どもに発達の遅れがあると知ったその日から，日々，どうしたらいいの？……という思いとつき合っていかなくてはならない現実があるんです」という話を聞いたことがあります。

　障がいを受けとめていくには時間がかかるものです。そしてこれらの過程を順調に進んでいくのではなく，行ったり来たりしながら進んでいくものです。保育者が，「なかなか保護者が発達の遅れを受けとめてくれない」と悩むことがありますが，保護者の思いに立ってみると，「なぜうちの子だけがこんなことになってしまったのか」「外見上なにも問題がないのに，どこに原因があるのか」「他に原因があって，治るのではないか」など，さまざまな思いの過程を経て，一歩ずつ受けとめていくことを理解することが大切です。ある意味，「障がいを受けとめる」ということができなくても，目の前にある「子どもの育ちに目を向ける」ことができればよいと考えることも大切です。そして，何よりも子どもの育ちを支える保護者が楽しんで子育てしていくことを大切にしましょう。子どもが育つ力に何よりも大切なのは，日々近くで寄り添う保護者の力なのです。「障がいを受け容れる」ことのみではなく，保護者自身が子どもの育ちに向き合う思いを支え，高めていくことが大切なのです。

マコトくんの個別支援を考える

　保育所保育指針では，特別な支援を必要とする子どもと家庭への保育について，子どもと家庭の双方へのきめ細やかな配慮のもと，家庭の事情に応じた個別的な支援が必要だとしています。そこで，マコトくんの事例を通して，個別の支援をプランニングしてみましょう。

① 　マコトくんおよび家庭の状況をアセスメントしてみましょう。まず，以下の家族関係であることを参照に，エコマップ，ジェノグラムを作成してみましょう。

> 　父母とマコトくんの３人家族である。父親は会社員で穏やかで子煩悩。マコトくんはとても
> パパになついている。母親は専業主婦で明るく優しい性格である。父方，母方も祖父母は健在。
> 父方の実家は遠方のため，日頃の交流はない。母方の祖父母は近隣に在住しており，参観日
> などにも顔を見せている。母親はマコトくんの発達に遅れがあるのではないかと内心心配し
> ており，そうした不安を父親や母方の祖父母にも相談している。

② 　「『気になる子』との出会い」，「保護者の気持ちに寄りそう」の事例から，以下の項目についてマコトくんの育ちをまとめてみましょう。
　　（情緒面の育ち）

　　（心身機能・からだの育ち）

　　（言語・他者との人間関係の育ち）

　　（性格・好きなこと・嫌なこと）

③　②と同様の事例を用いて，マコトくんおよび母親の実際の行動・発言をあげて，そこから
思い・ニーズ・願いを考えてまとめてみましょう。

マコトくん	実際の行動・発言等	思い・ニーズ・願い

母親	実際の行動・発言等	思い・ニーズ・願い

④　②，③をうけて，保育者および保育所はどのような支援を行っていますか。
保育者自身の支援についての考え，願い，また保育園としての支援方針について
その後の事例も含めてまとめてみましょう。

保育者の支援について（保育者の保育についての考え・マコトくんや母親への願い）

保育所の支援方針について

⑤　あなたがマコトくんの担当保育士であったら，今後のマコトくんおよび母親への支援はど
のようにしていこうと思いますか。今後このようになってほしい」という願いとそれに応
じた保育方針・支援方針を考えてみましょう。

マコトくんの今後の育ちへの願い	保育方針・支援方針

母親への願い	保育方針・支援方針

発達の遅れのある子どもを支援する専門機関

①　発達の遅れのある子どもを支援する専門機関にはどのようなものがあるのか。あなたが生活する地域の医療機関や療育機関について調べ，どのようなサービスが提供されているか調べてみましょう。

②　上記で調べた専門機関において，発達の遅れのある子どもの乳幼児期から就学後において，どの年齢でどのサービスが提供されるのか，また利用ができるのか整理してみましょう。

子育て支援 ワーク❺

藤原淳くんの事例

事例：藤原淳くん（５歳）は東京都に近い県の住宅街に両親と妹（０歳）の４人で生活しています。

　昨年，年中組のとき，保育園の淳くんの母親が信頼している園長先生にすすめられて，療育相談へ行き，淳くんが発達障害があるという診断を受けました。

　母親は，ショックを受けたようです。時々園長先生が話を聞いているようでした。今年の４月には，０歳児の時から持ち上がりだった２人の担任保育士が他園に異動することになりました。新しく担任になる保育士は，淳くんの特性を理解してくれるだろうか，とか，年長組の秋までは，下の子の育休をとって家にいることができるが，淳くんの小学校入学の準備をどうしていったらいいだろうか，であるとか，育休が明けたら，仕事を開始して大丈夫だろうかという心配があります。また，父親である夫は，淳くんをよく理解して，日曜日には体操教室への送り迎えをしてくれたり，母親の心配をよくきいてくれます。母方の祖父母や父方の祖父母は比較的近くに住んでいて，交流もよくしていますが，淳くんの障害について，どのように話をしたらいいか，迷っています。

　ある日園長先生は２人の新任の担任を呼んで，年長組の担任になるにあたって，淳くんとその保護者家族と，どのように支援・対応していくかを話し合いました。

① あなたは，新任の担任です。淳くん家族を支援するにあたって，何を大切にしますか，順位をつけて，一番大切にする事柄から10番目に大切にすることまでを考えて下さい。

順位	大切にする事柄
1	
2	
3	
4	
5	
6	
7	
8	
9	
10	

（例：他の園児やその家族とのかかわり）

② 6人で1チームになってチームメンバーの考えを聞きましょう。そしてあなたのチームの
考えを1から10番の順位をつけてまとめましょう。

順位	大切にする事柄
1	
2	
3	
4	
5	
6	
7	
8	
9	
10	

（例：職員間のチームワーク）

③ グループで作業した結果をクラス全体に発表しましょう。なぜその順位になったのかその
理由も発表しましょう。

順位の理由

④ 本ワークでわかったこと感じたことを記述しましょう。

（3）特別な配慮を要する家庭への支援

1）さまざまな背景をもつ家族への支援

> 　ナオちゃん（5歳）は，母親と弟（3歳）の3人家族である。母親は東南アジアの出身で，父親は日本人であったが，母親へのドメスティック・バイオレンスや子どもへの虐待もあり，児童相談所や母子施設の支援を受け，2年前に離婚している。離婚をきっかけに，転居したため，母親は日中は工場で働き，市役所からの紹介もあり，ナオちゃんは2歳7か月で，保育園に弟とともに入園することになった。
> 　入園時には，開所時間より早く登園してきたり，連絡もなくお休みしたり，持ち物をそろえてこなかったりと課題も見られた。また，ナオちゃんには，言葉の問題もあり，友達と触れ合うことが難しかった。担任保育士は，母親があまり言葉が通じないこと，またこれまでの生活の中で心に受けた傷も影響しているのではないかと感じていた。登園時の様子には，母親の荷物をもったり，弟の靴を脱がせたりと，幼いながらも母親を気遣い，兄弟の面倒をよくみるやさしい気持ちをもった姿が見られる。保育園では，あたたかい大人たちの見守りの中で，ナオちゃんが，お友だちと子どもらしく生き生きと過ごしてもらうことを大切に保育していくことになった。

　保育所における保護者支援では，ひとり親家庭における支援，子どもへのネグレクトや虐待が疑われる家庭への支援，外国籍の家庭における保護者支援等，さまざまな背景をもつ家族への理解が必要になることがあります。あくまでも，日々保育所で子どもが生き生きと過ごすことができるための支援，またそのために必要な保護者への支援を基本としながら，個々の家庭の背景にある課題に対して，特別な配慮や理解をしていく視点が大切です。また，家庭の背景にある課題が複雑に絡み合って解決が難しい場合や，保育所のみでは問題解決が難しい場合には，市役所や関係機関の協力を仰ぎながら支援していくことも重要です。

児童福祉等の専門機関の役割

　児童相談所，児童養護施設，母子生活支援施設，市役所の保護課について，どのような役割を果たしているのか，保育所での子ども支援において，どのような複雑なケースに関連しているのかについて調べてまとめよう。

	役割	保育所での子ども支援との関連
1）児童相談所		
2）児童養護施設		
3）母子生活支援施設		
4）市役所の保護課		

2) 子どもへのネグレクトや虐待・生活困難への配慮

ナオちゃんの母親は元気で朗らかな性格であった。しかし，ナオちゃんが入園してくるまでの経過を踏まえると，保育園としても特別な配慮が必要だと考えていた。

母子施設からの連絡では，ナオちゃんと弟は父親が違い，弟を妊娠した時から父親のナオちゃんへの虐待が始まり，ナオちゃんをかばった母親も父親から暴力を受けることになったようである。ナオちゃんが言葉を発すると「うるさい！」と叩かれることが多かったようで，ナオちゃんの言葉の問題はこうした環境も影響していると考えられた。また，同年代の子どもたちと遊ぶ経験がなかったため，はじめは保育者の陰に隠れていることが多かったが，仲のいい友だちが 1 人，2 人とできることで，子ども同士で遊ぶ様子が見られるようになった。保育者たちは子ども同士の力が，ナオちゃんの育ちを引き出していると実感していた。

また，保育者たちは，ナオちゃんのお母さんについても，外国人がひとり親で子育てをしながら仕事をしていくことは，大変な努力が必要であり，保育所としても支援が必要だと感じていた。入園して半年程の頃，母親の残業が続き，お迎えが遅くなることが続いた時期があった。担任保育士は，もう少し早く迎えに来ることができないかと感じていたが，お迎えに来る母親の表情にも疲れが見られ，ナオちゃんも「帰りたくない」とぐずる姿が見られていた。母親はナオちゃんに，母国語でしかりつけるような口調でまくしたてる様子が見られていた。

担任保育士は，母親に「ナオちゃんも，保育園に慣れてくれて安心して過ごせるようになってきたのですね。」と声をかけながら，「お仕事いかがですか？」と聞くと，「大変。残業しないとやめさせられちゃう」と話してくれた。その後も，疲れて夕食も準備できないとも話をしていて，子どもの成長・健康上の配慮も必要であることがわかってきた。

園長に相談し，市役所のケースワーカーや母子施設の職員と情報を共有したところ，母子施設の職員が家庭に訪問し，生活指導をしてくれた。また，最近になって母親の職場の上司が代わり，外国人労働者への理解や対応が悪くなっていることがわかった。その後，市役所の調査や申入れによって，状況が改善され，母親も早くお迎えに来ることができる日が増えてくるようになった。お迎えの時に，「困ったときには，一緒に話しましょう」と母親に伝えると，母親から笑顔も見られるようになった。

保育者がネグレクトや虐待を把握するのはどんな場面でしょうか。多くの場合，子ども自身の表情・態度・身体状況などから読み取ることになります。「身体にいくつもの傷がある」「お風呂に入れてもらっていない」「着替えがなく毎日同じ服装」「いつも空腹で登園する」等，子どもの身辺の状況に問題がはっきりと浮かび上がってくるケースがあります。

一方で，「つい子どもに冷たくあたってしまっている」「生活が苦しく子育てのことなど考えられない」など，結果的にネグレクトになってしまっているケースもあります。まずは，子どもや保護者がどのような状況に置かれているのかを，一番身近に，直接把握できるのは，日々の親子の姿に出会うことができる保育の現場であることを認識しておくことが大切です。

3) 子どもの命・心・将来を守るために

　子どもの着替えの際に，身体にいくつもの傷やあざがみつけられたとき，子ども自身に「この傷どうしたの？」と聞くと，黙ってしまうことや，「転んでできた」と保護者をかばうこともあります。また，そうしたことを同僚の保育士に相談したら，「それはたまたまかもしれないし，あんまり問題にしないほうがいいよ」と言われて判断に迷ってしまうこともあるようです。

　「子どもの最善の利益」を考慮し，まずは子どもの命，子どもの心，子どもの将来を守ることが保育者の役割であることを自覚しましょう。児童虐待でとにかく大切なのは，できるだけ早く，適切に判断し，多くの目で子どもを見守ることです。

　虐待の早期発見については，子ども・保護者の日々の様子や行動を見つめながら，気がかりな点をチェックしておくことが大切です。虐待は一時的なものではなく，継続的なかたちで，徐々に被害のかたちが見えてくるのが実際ですが，子どもの命にかかわるような事態になる前に，気がかりな点を見つめ，虐待を予防する対応がとても大切なのです。

　以下は，保育所における虐待予防のためのチェックポイントです。現在では各都道府県市町村でネグレクトや虐待の判断の基準として，気がかりな子ども・保護者の様子についてのチェックポイントが示されており，保育所における虐待・ネグレクト発見のために大変参考になります。こうした内容について，日頃から保育者同士で虐待・ネグレクトの視点について確認しておくことが必要になります。

保育所における虐待予防のためのチェックポイント
　1) **気がかりな子どもの様子・チェックポイント**
《身体的な変化・状態像》
・不自然な外傷（特に首や顔の傷・あざ，火傷など）がある。同じような傷が多い。
・原因のはっきりしないケガをしている。治療していない傷がある。
・身長や体重の増加が悪い。年齢に見合わず極端な痩せ・栄養失調状態にある。
《表情》
・表情が乏しく笑顔が少ない。反応が乏しく，暗い表情をしている。
・凍りついたような眼であたりをうかがったり，警戒心が強い。
・保護者等がいると顔色をうかがう。保護者がいなくなると安心した表情になる。
・保護者等がいなくなると，保護者等にまったく関心を示さない。
《行動》
・身体的接触を異常に怖がる。
・不自然な時間に徘徊していることが多い。
・衣服を脱ぐときに異常な不安を見せる。
・傷や家族のことについて，不自然な回答が多い。

《他者とのかかわり・社会的行動》
・他者や周囲とうまくかかわれない。他者との身体接触を異常に怖がる。
・他者に対して乱暴である。不自然な暴力や不適切行動がみられる。
・保育所や学校に行きたがらない。保護者が迎えにきても帰りたがらない。
・近所で悪質ないたずらや万引きを繰り返す。
・年齢に合わない性的な言葉や行為がみられる。
《生活の様子》
・季節に合わない服装をしている。
・極端に衣服や身体が不潔である。
・常におなかをすかせていて，与えると隠すようにがつがつ食べる。

2) 気がかりな保護者の様子・チェックポイント

《子どもへのかかわり方》
・子どもへの態度や言葉が拒否的である。子どもの扱いが乱暴・冷淡である。
・子どもがけがをしたり，病気になっても医者にみせようとしない。
・小さな子どもを置いたまま頻繁に外出している。
・子どもの兄弟に対して差別的な態度がみられる。
・極端に偏った育児観や教育観を押しつけたり，体罰を肯定している。
・子どもの養育について拒否的であったり，食事をきちんとさせないなど子どもを放置している。
《他者・周囲へのかかわり方》
・他者に対して否定的な態度をとる。他者の意見に被害的・攻撃的になる。
・保育士との会話を避ける。
・説明の内容があいまいでコロコロ変わる。
・地域や親族等との交流がなく孤立状態にある。
《生活の様子》
・経済的に困窮している（転職や失業を繰り返す，借金など）。
・夫婦関係が悪い。夫婦間の暴力がみられる。
・不衛生な生活環境である。
《保護者自身のこと》
・ひどく疲れていて，子育てが負担になっている様子である。
・心身の状態が悪い・不安定である（慢性疾患・精神疾患など）。
・性格・気性の問題で被害観が強い。偏った思い込み，衝動的，未成熟等が感じられる。
・連絡が取りづらい。子育てが負担になっている。
千葉県子ども虐待対応マニュアル
https://www.pref.chiba.lg.jp/jika/gyakutai/jidou/sankou/documents/manual.pdf
横浜市子ども虐待防止ハンドブック（平成 30 年度版）
https://www.city.yokohama.lg.jp/kurashi/kosodate-kyoiku/oyakokenko/DV/gyakutaibousihb.
files/0004_20190121.pdf
等を参照に筆者作成（2022 年 8 月 31 日アクセス）

3) 保育所で虐待の疑いを発見した場合の対応の流れ

　担任保育者が気がかりな点を発見した時，まずは，主任や園長など多くの目で判断を仰いだうえで，市町村の子ども課や，児童相談所に適切につなぐことが求められます。そのうえで，保育所のみで対応するのではなく，関係機関と連携し，適切な見守りやケアを図ることが大切です。
　保育所は，市町村の連絡に応じて関係機関で情報の共有化を図るためのネットワーク会議の際に，虐待の疑いを発見するまでの流れ，子どもや保護者の日頃の様子などを，適切に伝える必要があります。

近年では，「要保護児童対策地域協議会」が設けられている場合がほとんどです。定例で会議が開かれ，関係機関や地域の要保護児童の具体的な支援内容の検討がなされています。直接子どもや保護者にかかわる関係機関のみならず，研究者等も含めた広い見識から適切な支援について検討が図られています。

　まずは，通報から方針が決定されるまでのながれを具体的に確認しておきましょう。

〈コラム5　生活困難がネグレクトや虐待につながる〉

　東京都による調査「虐待の背景要因となる家庭状況」（2005）を示したデータでは，虐待が「経済的困難」に起因したさまざまな複合的問題を抱える家庭に起こりやすいことを明らかにしています。

虐待の背景要因となる家庭状況

家庭の状況	合わせてみられる他の状況上位3つ		
1　ひとり親家庭 460 件（31.8%）	① 経済的困難	② 孤立	③ 就労の不安定
2　経済的困難 446 件（30.8%）	① ひとり親家庭	② 孤立	③ 就労の不安定
3　孤立 341 件（23.6%）	① 経済的困難	② ひとり親家庭	③ 就労の不安定
4　夫婦間不和 295 件（20.4%）	① 経済的困難	② 孤立	③ 育児疲れ
5　育児疲れ 261 件（18.0%）	① 経済的困難	② ひとり親家庭	③ 孤立

出典：東京都保健福祉局（2005）『児童虐待の実態Ⅱ』を元に作成

　「子どもの貧困」についても取り上げられていますが，貧困の中心的課題は「経済的困難」といえます。データではこうした「経済的困難」から引き起こされるさまざまな課題（孤立や就労の不安定，ひとり親家庭，等）と「虐待」が関連していることを示しています。

　保育所の保護者支援において，虐待やネグレクトへの対応を図るとき，保護者の子どもへの思いにアプローチするだけでなく，その家族が置かれている背景に注目し，そこにある課題や状況にも理解を示すこと，その視点で保育所において何ができるのかをとらえることも大切な視点なのです。

4）外国籍の家庭に対する保護者支援

　ナオちゃんの母親はあまり言葉が通じないが，担任保育士は，誠意をもって語り掛けながら，理解が難しい時には，連絡帳に絵を描いて説明するなど，丁寧に支援してきた。ひとり親家庭で，異文化の中で働きながら子育てしていくことは大変な苦労である。行事の衣装など，準備が難しいものは保育園で対応していくようにした。

　ナオちゃんより1年前に入園している外国籍の子どもの保護者も，ナオちゃん家族のことを気にしてくれており，母親の了解をとったうえで，相談に乗りあえるように保育園のお迎えの時に紹介をした。それ以来，わからないことなど，母親同士で相談をしている様子である。

　母親も「保育園は子どもを預かってもらうところ」とはじめは思っていたが，次第に子どもの成長・発達のための教育的な支援や，相談にものってくれる場所だと認識するようになった。家庭での子どもたちの過ごし方についての相談や，母親自身の仕事について，経済的な苦しさについてなど，保育者に相談するようになってきた。

　文化の違いがある中で，母親が努力して子育てしていることを認めながら，理解が難しい場合も気長に見守りながら支援している。さらに，入園時に紹介を受けた母子施設や市役所とも継続的に連携し，情報交換も続けている。

　2年がたち，ナオちゃんは，今ではお友だちと積極的に触れ合い，子どもらしく楽しんで遊ぶ様子が見られている。母親も明るく他児の保護者ともコミュニケーションをとる姿が見られるようになっている。

地域によって外国籍の子どもたちの入所が多い保育園も多くあります。さまざまな国籍がありますが，日本ではアジア圏の移住者が多い傾向です。

　また，同じ国の出身者の家族グループ（母国コミュニティ）があり，降園後はそのグループの誰かの家庭で過ごし，夕食などともにしていることもあります。

　保育者が心がけていなければならないことは，まずは，異文化への理解を示すことです。生活時間，食事，子育ての方法，コミュニティのあり方など，母親が育ってきた文化によって違いがあります。日本の文化や保育所のやり方に合わせるように指導するのではなく，その人がもっている文化を尊重しながら対応することが大切です。これは，バイステックの「個別化の原則」ともつながる考え方です。ただし，保育者の視点から，明らかに子どもの生活や健康において問題になるときには，「子どもの最善の利益」を考慮し，保護者に対応方法についてはっきりと伝えていくことも必要になります。そのためには，日頃からコミュニケーションをはかり，基本的信頼感を築くことを心がけましょう。「言葉がわからないから，理解してもらえない」ではなく，「文化の違い」ととらえ，どうしたら伝わるかを工夫していきましょう。最低限理解してもらいたいことから伝えていく，また文字や言葉で伝わりにくいことについて，連絡帳などに絵を付け加えて伝える，母国コミュニティの協力を得て情報を伝えてもらうなど，コミュニケーションの手段や方法を広げる工夫も相談支援の技術なのです。

ナオちゃんと母親の保育相談支援を整理する

　虐待やネグレクトへの対応については，保育者が子ども・保護者の様子をしっかりと観察し，状況を踏まえながら適切に対応することが大切です。

　ナオちゃんのケースにおいて，担任保育士はナオちゃん，ナオちゃんの母親にどのような思いをもって，どのような支援をしているでしょうか。事例を踏まえて，以下の図に考えられる点をまとめてみましょう。

ナオちゃんと母親への保育相談支援を整理する

入園後のナオちゃんの様子・抱えている課題	ナオちゃんへの保育者の思いや願いを考えてみよう

ナオちゃんの母親の様子・抱えている課題	ナオちゃんの母親への保育者の思いや願いを考えてみよう

上記を踏まえて担任保育士および保育所はどんな支援をしていますか。

ナオちゃん家族への支援・就学準備

① もうすぐ運動会があります。ナオちゃん家族にとって，運動会ははじめての経験です。ナオちゃんの母親にその準備をお願いするときにどんな工夫をしますか。運動会でダンスをする衣装の準備，当日の持ち物について，お弁当の用意など，具体的に必要な事項を挙げて話し合ってみましょう。

② あと1年でナオちゃんも小学生になります。就学にむけて，どんな準備が必要でしょうか。いつごろから，どんな支援が必要なのか，グループで話し合ってみましょう。

ナオちゃんの事例　アセスメント

　ナオちゃんの事例について，保護者支援の記録をつけてみよう。下記の書式に従って，ナオちゃんおよび家族についてのフェイスシートを作成し，問題をアセスメントし，援助計画を作成してみましょう。

保育所における保育相談支援の援助計画（書式例）

お子さん・保護者について　（作成日　　年　　月　　日）				
名前	性別	生年月日	入園年月日	入園後からの担任の状況

保護者氏名	住所	家族構成（氏名・続柄・年齢・性別・職業）
	連絡先（自宅・携帯）	

ジェノグラム・エコマップ

虐待・ネグレクトの経過	関係機関等の情報

援助計画のためのアセスメント	
ナオちゃんの思い・状況のアセスメント	
日々の保育における配慮点	ナオちゃんの長所や性格（長所・短所）等
保育者・友だちとの関係	保護者・家族との関係
ナオちゃんの母親の思い・状況のアセスメント	
子どもの育ちへの願い	困っていること・悩んでいること・不安等
家庭での様子・配慮していること	園で配慮してほしいこと

ナオちゃんの支援内容と方法 （　　年　　月　　日 ～　　年　　月　　日）				
子どもの名前 クラス　（　　　）歳児	所長 ㊞	主任 ㊞	担任 ㊞	記録者 ㊞
主訴（問題となっている課題）				
支援目標（保育者の子ども・保護者への願いも含め，支援目標をたてる）				

具体的な援助・手立て	支援による状況変化
ナオちゃんへの援助・手立て	ナオちゃんの支援による状況変化
ナオちゃんの母親への援助・手立て	ナオちゃんの母親の支援による状況変化

今後の関係機関との連携について	
モニタリングについて	
次回のモニタリングの予定　　　年　　月　　日	

終章

さらなる子育て支援のために

1. 保育者のキャリアアップ

　みなさんが，この「子育て支援」や保育士養成科目の授業を受けた後に描いた，保育士像は，自分がそれまでイメージしていた理想の保育士像と，同じでしたか？　それとも違っていましたか？

　みなさんが保育士になるための勉強を始める前と，これらの授業を受けてから後の保育士像と，全く同じイメージだということは，ないと思います。

　自分が保育園に通っていた頃の保育士さんや幼稚園時代の担任の先生にもっていたイメージは，あたたかく包容力があり一緒に遊んでくれた，あかるい先生。何でも受け入れてくれて一緒に歌ったり，笑ったりゲームをしたり絵本を読んでくれた，大好きな先生。卒園式の時にはもう会えなくなると思うと涙が出てしまった。そんな思い出もあるかもしれません。

　ピアノが上手で，かけっこが速くて，困ったことがあると話を聞いてくれた先生，そういう保育士や幼稚園の先生にあこがれて，保育士の道をめざされたのかもしれません。

　どうでしたか？　みなさんのあこがれた保育士像と，この「子育て支援」やその他の科目を学んで想像する保育士像と同じだったでしょうか，違ったでしょうか？

　違ったとしたら理由のひとつは，なりたい保育士像と社会から求められている保育士像の間に差異があったからなのかもしれません。

　保育士の仕事は子どもの健全な保育という表に見える側面だけでなく，保護者の悩みに寄り添い，耳を傾け，保護者とともに子育て環境をよりよいものにしていく役割があります。また，さらには地域の他の専門機関や地域の人々と協力して，子どもが育つ環境を整えていくという目にみえないところでより多くの役割が期待されています。

　それが理解できたとしたら，この「子育て支援」を学ぶひとつの目的を果たせたことに

なります。そして新たに描くことのできた保育士像にむかって自己研鑽を重ねていきましょう。ある保育園の運営会議に筆者は参加したことがあります。運営会議というのは、保育園を運営している運営主体者や園長、そして保護者の代表、学識経験者などが年に2回ほど、保育園の年間行事のあり方や、園と保護者の協力について、あるいは要望・苦情などの意見を交換して、園の運営に資するために開催される会議のことです。筆者が保育園に子どもを預けて子育てしていた時代と、保育の様子が大きく変化していると感じました。

筆者は、都内のS区に住んでいました。筆者の子育て当時は、S区の保育方法は、日本全国に知られていて、「S区方式」という言葉で語られた時代です。筆者が子どもを預けていた保育園は、運動会や、その他の保育園の年間行事では、父親が準備段階から携わり、大きな道具を運んだり、保育士と協力して、黒子として活躍する場面がありました。行事が終わった後のご苦労さん会では父親同士うちとけて仲良くなり、育児の悩み、勤め先の苦労を語り合い、よいところを学びあっていました。また、保育行政に、保育の質の向上を求めて運動したり、父親がともに育ち合いをしていた時代でした。しかし、S区だけでなく、現在では、保護者が協力して子育てを行い、親として育ち合う機会が少なくなっていると思います。昔がよかったとか今はどうだろうということを言いたいのではありません。現代には現代の社会から求められるニーズがあります。保育士として子どもの保育だけでなく、子どもが育つ環境としての親育ちを考える時の一考として下さい。

2. 1年目「新任です」　その気持ちを忘れない

保育者として、就職した4月。それは、新人保育士にとって初めての担任を経験するとき。同時に保護者にとっても、わが子の1年のスタートラインです。だからこそ、大きな期待の波が担任に寄せられるプレッシャーを感じることでしょう。ベテランや中堅保育士になれば、毎年のことですから、うまく対応できるようになりますが、1年目の「新任」としては、過度に保護者の期待を受け止めてしまったり、逆に保護者から頼られることがない、嫌われていると勝手に思い込んでしまうこともあるようです。

「今年から保育士になりました。子どもたちと一緒に勉強しながらがんばります！」と挨拶した途端に、保護者から「えっ！」「残念」「大丈夫かな」と思われてショックを受けるかもしれません。でも、きっと一年後には「ウチの子と一番遊んでくれた先生、ありがとう」に変わります。

そのためにやること。

その1　子どもと思いっきり遊ぶ，触れ合う。

その2　その日の子どもとの関わりについて，具体的に保護者に話す，連絡帳に記すこと。

これは，新人保育士だからこそ，できることでもあるからです。

ベテラン保育士には，クラスの子だけでなく園全体の課題やクラス運営，保育計画などの仕事がありますし，中堅保育士はクラス運営や配慮の必要な子どもや保護者への対応を含めて，日々の子どもとのかかわりから派生したさまざまな責任を背負うことになります。そのため，子どもとじっくりかかわる時間が取れないこともしばしばです。

一方，新人保育士は，子どもと遊ぶ，見守る仕事を託される時間が長いこと，また遊びの途中で呼び出されたりすることも少ないため，じっくり子どもに向き合えます。だからこそ，他の担任よりも具体的に子どもの様子や出来事を保護者に伝えることができます。

はじめはベテラン保育士に期待を寄せていた保護者も，日々の連絡帳は忙しくてコメントもなく印鑑のみ，または慣れから，いつも通りの一遍な表現で「ウチの子はいつもこの遊びしかしてないの？」と感じることも多いのです。でも，新人保育士は，いつも一言でも子どもの様子を教えてくれる，具体的にどんな遊びをしてどんな反応があったのか教えてくれるなど，子どもに向き合う時間や機会がじっくりあるからこそ，保護者に信頼をもたらすことができるのです。

新人一年目，保護者とのかかわりに不安を感じることが退職につながることも多いようです。だからこそ，一年目だからできることがあると信じて，一年間はじっくり子どもと向き合うことを，新人一年目の保育士のみなさんにお願いしたいのです。

そして，この新人一年目へのメッセージは，中堅，ベテランの保育者にも読んでいただきたいです。新人一年目の気持ちを忘れないこと，保護者の気持ちに不安いっぱいだった頃を思い出しながら，いまの私は子どもたちに向き合えているか，保護者に向き合えているか，そして，不安いっぱいの新人のフォローができているか，また新人保育士が足手まといでなく頼りになっていることを感じているか，それを声に出して伝えているか，もう一度，自己覚知していただけたら嬉しいです。保育はチームプレイであることをもう一度考えてみてほしいと思います。

いまは一人っ子も多くなり，幼児期という大切な時期にどんな先生がかかわるのか，それが一度きりの出会いとなるため，保護者にとってもナーバスになりがちです。そんな家族理解も含めて，本書での学びを日々の保護者支援，子育て支援のレベルアップにつなげ

てもらいたいと願っています。

3. 近年の保育事故について

　2016年2月17日，NHKの番組で，保育事故についての話題が取り上げられていました。番組に登場した，事例の一つめは，ある認可外保育園に子どもを預けていた保護者の話でした。預けた当時，6〜7か月児だったわが子を迎えに行くと，わが子の反応がにぶく，目もうつろで，表情もなかったといいます。家に帰ってしばらくするといつものような豊かな表情と活発さがもどってきたそうです。また，給食メニューが「チキンライスと漬物」のように，簡単なメニューだったことなどに不安を覚え，保育園にアポイントをとらず訪ねてみると，昼寝をしないで泣いている子に保育士が「うるさい！」と怒鳴って，胸のところを押さえて布団に寝かしつけているという光景を見て驚いてしまったと。幸い，認可保育園に空きが出て，そちらに移ることができたが，それまでに知りえた状況を行政に訴えたというものでした。その番組が取り上げた2つめの事例は，やっと歩きはじめて，片言の言葉が出てきたわが子が保育園で急変し，不幸にも亡くなってしまったという事例でした。

　これらの事例の中で浮きぼりになったのは，保育士の質の問題でした。保育士の資格を取得するために学ぶこと，養成校を卒業する時までに学ばなければならないことだけでは，保育現場が求める即戦力（社会が保育士に求める力）には，到達していないということです。保育の技術にしても，たとえば卒業してすぐに0歳児を担当する保育士になったら，手早いオムツ交換や授乳技術が必要です。しかし，学校で，オムツ交換の方法や，授乳についての知識は学んだものの，専門家としてのスキルを身につけているわけではないということです。卒業してまもない保育士が，現場で求められる保育スキルを身につけるまでには時間がかかります。しかも現場で，先輩のやり方を見たり，先輩にやり方を教えてもらいながら，実践して身につけていくことになります。保育現場で適切に指導できる先輩保育士が見つけられない場合，若い保育士は，子どもに「うるさい!!」といわざるをえないくらい，未熟なスキルのまま，保育をするということになります。ベテラン保育士なら難なくこなせる仕事でもです。そういった時，身近にモデルとなる先輩保育士がいるといいのですが，前にも述べたように，保育士が長く働けない環境で，先輩保育士が少ない状況です。自己研修や，新しい技術や情報が得られるところを知っていることも重要です。資格を取得した時が最終到達目標ではない，ということです。卒業して，保育士として働きは

じめてから理想の保育士に到達するための研鑽がはじまるということです。

4. 今後に向けて

　とはいえ，保育士という資格をもっている人は，ベテランであろうと，初心者であろうと，保育士であることにかわりはありません。保育士資格という信用があり，子どもや障がいをもっている人のお世話をすることができるのです。

　自らの未熟さを知り，それを補うための日々の研鑽があって，保育士の仕事ができるのだと思います。自らの未熟さを知るということは，また，自らの力だけではできないと判断した時に連絡，調整していくことにつながります。すべてを一人で行うことができる保育士は素晴らしいですが，できないことを知っていて，できるように工夫したり，できる人に依頼しゆだねることのできる保育士であることを私は専門職として必要なことと考えています。一人で抱えない。専門機関へつなげることができる，という保育観も必要ではないでしょうか。

　保育士が子どもを保育する時，保育士は子どものありのままの姿を見ているでしょうか。保育士のイメージする子ども像があると，知らず知らずそのイメージと目の前の子どもと比較してしまわないでしょうか？　「どうしてあなたはできないの？」とか「どうしてあなたはいつまで泣いているの？」と思った時，できる子ども，泣かない子どもがあなたの理想の子どもとしてイメージされていないでしょうか。できない子どもを，どうしてできないのかな？　泣いている子どもを，どうして泣いているのかな？　と，できない原因，泣いている原因をさがすことをしているでしょうか？

　保育士は，一人ひとりの子どもは一人ひとり違っていて，個性を発揮して，成長していくのだと，頭でわかっていても，自分の経験や，理想の子どもという自分の枠でみてしまうときがあります。その枠を柔軟に取り払うことができるでしょうか。そういう意味で，保育士の自己覚知は大切です。

　さて，オーストラリアや北欧の多くの国は小学校は，入学1年前にはプレスクールがあり，0歳からは幼稚園として，日本の保育所と同じような保育をしています。また筆者は，スウェーデン，デンマークの北欧やオーストラリアの保育現場を視察したことがあります。「オーストラリアの幼稚園では保育士の仕事は，記録といわれています」と説明をうけたことがあります。保育士は子どもが，遊べる環境を整え，子どもたちは思い思いの場所で思い思いの遊びを展開しています。そういったことは日本で自由保育といわれる方法に似

ています。一斉に絵本の読みきかせをきくということはありますが，保育士や先生が，一斉に，子どもに指示して「絵をかきましょう」とか「外に出て砂場で遊びましょう」ということはほとんどまれです。保育士の主な仕事は，保育環境を作ることです。保育士は保育環境（子どもが自由に好きなあそびで遊べる環境）を作って子どもが一日何をしたか記録をつくります。オーストラリアでは写真を撮って，保護者がお迎えの時，今日一日子どもがどのような活動をしたか，文字と映像でみることができます。保育士は記録をとって終わりではありません。記録をして，その保育記録から子どもの成長に資することを見つけだし，それをまた積極的に保育環境作りに役立てていきます。

　スウェーデンの保育園では，年輩の保育者が退職したあとも，非常勤待遇ではありますが，保育補助の仕事をしていました。その人たちは少人数の子どもに絵本を読んであげたり，寝そべっている子どもの背中をなでたり，スキンシップをとったりということをゆったりとした時間の中で行っていました。そういうことが子どもの保育環境として大切であるということを記録から導き出していました。北欧でもオーストラリアでも，国で決めた保育指針があります。保育士は子どもの発達やその保育指針を学び資格を得ています。しかし，保育指針が到達目標ではなく，子どもの発達や成長過程に，必要な保育環境を守り提供することを心がけています。そういった環境の中で子ども自身の中にある“育つ力”が十分に芽ばえ育っていくようです。

　筆者が観察した北欧やオーストラリアでの保育観，子ども観はみなさんの保育観・子ども観と比べてどうでしたか。どこが違っていましたか。人生の先輩の体験から出た言葉や英智を必要とする時がくると思います。自分のなりたい保育士から，社会の求める保育士に大きく成長し，はばたいてほしいと思います。

おたよりの事例1

2歳児クラス

 クラス便り

親子が触れ合う遊び

〜手遊び〜

『1本橋』

① お子さんの手を取ります。

② 歌を歌いながら手に歌詞通りに
やります。

♪1本橋こちょこちょ

たたいて つねって
（優しく）

♪階段登って
（腕を登っていく）

♪こちょこちょこちょ
（お子さんに優しく
こちょこちょしてください。）

というように手遊びを使ってお子さんと触れ合って
みてください。これ以外の手遊びもあるので知り
たい方は気軽に言ってください☺
オリジナルで作ってみてもいいと思います。

お子さんと触れ合う時に必要な事
1. お子さんの気持ちに寄りそう
2. 押しつけをしない
3. 静止をかけない

危険な事をしそうな事もありますが
お父さん・お母さんが目を離さなきゃ
大丈夫ですので、出来る限り止めない
でやりたい事をやらせましょう☆
世界が広がり、何にでも挑戦
します。自尊心を育てましょう。

お子さんの見ててねに対し、ちゃんと
見てるよと こたえるのが大事です♪
新しい事を始めているのを見た時は
「やってみる？」などプラスの言葉をかけ
てあげましょう。

お子さんにはたくさんの可能性が
ありますのでこれからも一緒に見守っ
ていきましょう☆

おたよりの事例２

新井紀子（2018）『AI vs. 教科書が読めない子どもたち』東洋経済新報社

植木信一（2019）『保育者が学ぶ子ども家庭支援論』建帛社

恩田彰・伊藤隆二編著（1999）『臨床心理学辞典』八千代出版

亀崎美沙子（2017）「保育士の役割の二重性に伴う保育相談支援の葛藤」『保育学研究』第 55 巻，第 1 号，pp.68-78

厚生労働省（2018）『保育所保育指針解説』フレーベル館

川村隆彦（2003）『事例と演習を通して学ぶソーシャルワーク』中央法規出版

佐々木正美（2001）『児童精神科医が語る―響きあう心を育てたい』岩崎学術出版社

中川李枝子（2015）『子どもはみんな問題児。』新潮社

バイステック，F.P. 著，尾崎新・福田俊子・原田和幸訳（2006）『ケースワークの原則―援助関係を形成する技法』誠信書房

ヒムレイ，M.・カリーニ，P.F. 編，小田勝己・小田玲子・白鳥信義訳（2002）『描写レヴューで教師の力量を形成する―子どもを遠くまで観るために』ミネルヴァ書房

古川繁子編著（2016）『保育相談支援ワークブック』学文社

松本俊彦（2017）「薬物乱用の問題をとらえ直す」『月刊生徒指導』8 月号，学事出版

吉田眞理（2011）『生活事例からはじめる保育相談支援』青踏社

和田光一監修，田中利則・横倉聡編（2014）『保育の今を問う保育相談支援』ミネルヴァ書房

Perrone, Vito (1991) *A Letter to Teachers: Reflections on Schooling and the art of teaching*, Jossey-Bass.

（URL 関連）

アスクプロ（2018.10.16）「日本法規情報『「ステップファミリー」に関するアンケート調査』」
　　https://prtimes.jp/main/html/rd/p/000000198.000006827.html（2022 年 10 月 13 日アクセス）

依存症対策全国センター（2021）「令和 2 年度『ギャンブル障害およびギャンブル関連問題の実態調査』報告書」
　　https://www.ncasa-japan.jp/docs/（2022 年 10 月 13 日アクセス）

NHK 調査（2015）「LGBT 当事者 2600 人の声から」
　　http://www.nhk.or.jp/d-navi/link/lgbt/（2022 年 10 月 13 日アクセス）

NPO 法人　LGBT の家族と友人をつなぐ会（2022）「ホーム」
　　http://lgbt-family.or.jp（2022 年 10 月 13 日アクセス）

NPO 法人　全国こども食堂支援センター・むすびえ　ホームページ
　　https://musubie.org/kodomosyokudo/（2022 年 8 月 31 日アクセス）

香川県（2020）「香川県ネット・ゲーム依存症対策条例」
　　https://www.pref.kagawa.lg.jp/documents/10293/0324gj24.pdf（2022 年 10 月 13 日アクセス）

家庭科非常勤講師 shiho のページ「東京都福祉保健局（2005）『児童虐待の実態Ⅱ』より」
　　https://geolog.mydns.jp/www.geocities.co.jp/wkkwr722/hoiku/gyakutai/gyakutai_tokyo.html（2022 年 10 月 21 日アクセス）

厚生労働省（2021）「令和 3 年度　児童相談所での児童虐待相談対応件数」
　　https://www.mhlw.go.jp/content/000863297.pdf（2022 年 10 月 13 日アクセス）

厚生労働省（2021）「令和 3 年　人口動態統計月報年計（概数）の概況」
　　https://www.mhlw.go.jp/toukei/saikin/hw/jinkou/geppo/nengai21/dl/gaikyouR3.pdf（2022 年 10 月 13 日アクセス）

厚生労働省子ども家庭局家庭福祉課（2020）「令和 2 年『ひとり親家庭の現状と支援施策について～その 1 ～』」
　　https://www.mhlw.go.jp/content/11920000/000705274.pdf（2022 年 10 月 13 日アクセス）

厚生労働省　社会・援護局障害保健福祉部精神・障害保健課依存症対策推進室（2019）「依存症対策について」
　　https://www.ncasa-japan.jp/pdf/document12.pdf（2022 年 10 月 13 日アクセス）

厚生労働省（2015）「人口動態統計特殊報告『婚姻に関する統計』」
　　https://www.mhlw.go.jp/toukei/saikin/hw/jinkou/tokusyu/konin16/index.html（2022 年 10 月 13 日アクセス）

厚生労働省（2017）「保育士等キャリアアップ研修ガイドラインの概要」

https://www.mhlw.go.jp/file/06-Seisakujouhou-11900000-Koyoukintoujidoukateikyoku/gaiyou_10.pdf（2022 年 10 月 13 日アクセス）

厚生労働省（2017）「保育士養成課程の見直しについて（検討の整理）」（概要）

https://www.mhlw.go.jp/file/05-Shingikai-11901000-Koyoukintoujidoukateikyoku-Soumuka/gaiyou_3.pdf（2022 年 10 月 13 日アクセス）

厚生労働省（2018）「保育所保育指針解説」

https://www.mhlw.go.jp/file/06-Seisakujouhou-11900000-Koyoukintoujidoukateikyoku/0000202211.pdf（2022 年 10 月 13 日アクセス）

厚生労働省「ヤングケアラーについて」

https://www.mhlw.go.jp/stf/young-carer.html（2022 年 10 月 13 日アクセス）

厚生労働省令和 2 年度子ども・子育て支援推進調査研究事業（2021）「ヤングケアラーの実態に関する調査研究報告書」令和 3 年 3 月

https://murc.jp/wp-content/uploads/2021/04/koukai_210412_7.pdf（2022 年 10 月 13 日アクセス）

国立病院機構久里浜医療センター（2021）「令和元年度　ネット・ゲーム使用と生活習慣に関する実態調査」

https://www.ncasa-japan.jp/pdf/document32.pdf（2022 年 10 月 13 日アクセス）

千葉県子ども虐待対応マニュアル（2019）

https://www.pref.chiba.lg.jp/jika/gyakutai/jidou/sankou/documents/manual.pdf（2022 年 10 月 13 日アクセス）

内閣府（2021）「令和 3 年　子供の生活状況調査の分析　報告書」

https://www8.cao.go.jp/kodomonohinkon/chousa/r03/pdf-index.html（2022 年 10 月 13 日アクセス）

内閣府（2021）「令和 2 年度少子化社会に関する国際意識調査報告書」

https://www8.cao.go.jp/shoushi/shoushika/research/r02/kokusai/pdf_index.html（2022 年 10 月 13 日アクセス）

内閣府（2014）「平成 25 年度　家族と地域における子育てに関する意識調査」

https://www8.cao.go.jp/shoushi/shoushika/research/h25/ishiki/index_pdf.html（2022 年 10 月 13 日アクセス）

横浜市子ども虐待防止ハンドブック（平成 30 年度版）

https://www.city.yokohama.lg.jp/kurashi/kosodatekyoiku/oyakokenko/DV/gyakutaibousihb.files/0004_20190121.pdf（2022 年 8 月 31 日アクセス）

横浜市子ども虐待防止ハンドブック（令和 4 年度版）

https://www.city.yokohama.lg.jp/kurashi/kosodate-kyoiku/oyakokenko/DV/gyakutaibousihb.files/0009_20221012.pdf（2022 年 10 月 24 日アクセス）

子育て支援ワークブック

2022年11月10日　第一版第一刷発行　　　　　　　　　　　◎検印省略

	編著者	古 川 繁 子
		田 村 光 子

発行所	株式会社 **学 文 社**	郵便番号　　　　　153-0064
発行者	田 中 千 津 子	東京都目黒区下目黒 3-6-1 電　話　03 (3715) 1501 (代) https://www.gakubunsha.com

©2022 Furukawa Shigeko & Tamura Mitsuko　　　　Printed in Japan
乱丁・落丁の場合は本社でお取替します。　　印刷所　新灯印刷株式会社
定価は売上カード，カバーに表示。

ISBN 978-4-7620-3191-5